KB090254

Miyazaki Hayao

미야자키
상상을
현실로 만들어

내가 **꿈꾸는 사람** _ 영화감독

초판 1쇄 2014년 11월 20일
초판 6쇄 2022년 7월 15일

지은이 장하경

책임 편집 김현경
마케팅 강백산, 강지연
표지디자인 권석연
본문디자인 유민경
사진제공 연합포토, 위키피디아, 플리커

펴낸이 이재일
펴낸곳 토토북
주소 04034 서울시 마포구 양화로11길 18 3층 (서교동, 원오빌딩)
전화 02-332-6255
팩스 02-332-6286
홈페이지 www.totobook.com
전자우편 totobooks@hanmail.net
출판등록 2002년 5월 30일 제10-2394호
ISBN 978-89-6496-220-2 44990
ⓒ 장하경 2014

내가 **꿈**꾸는 **사**람 _영화감독

Miyazaki Hayao

미야자키
상상을
현실로 만들어

장하경 지음

팀

전 세계를 행복하게 해 준 평화주의자, 미야자키 하야오

누구나 좋아하는 멋진 일본 신사 모리 씨는 처음 만난 자리에서 자신을 "미야자키 감독의 이웃"이라고 소개했어요. 금융 전문가였다가 더 나은 환경을 위해 노력하는 환경 운동에 참여하게 된 계기가 미야자키에게서 비롯되었기 때문이에요. 숲 보존 운동을 이끌어 나가며 지역 사회를 위해 봉사하는 미야자키를 가까이에서 보았고, 그의 작품에서 받은 감동이 그만큼 컸던 거예요.

미야자키는 아름다운 애니메이션을 만드는 감독을 넘어 사람들이 사회를 보는 시선을 바꾸는 데 영향을 끼친 특별하고 위대한 예술가입니다. 그의 작품과 삶은 일본의 모리 씨뿐 아니라 한국에 사는 우리, 더 나아가 전 세계 영화 팬에게 자연과 평화를 사랑하도록 웅변하고 있으니까요.

미야자키의 작품이 우리나라에 처음 알려진 것은 1980년대에

〈알프스 소녀 하이디〉나 〈미래 소년 코난〉이 TV 애니메이션으로 방영되면서였어요. 당시 아이들은 누가 만든 작품인지도 모른 채 TV 앞에 모여 알프스에서 뛰어노는 하이디를 보며 함께 웃었고, 바다와 하늘에서 종횡무진 활약하는 코난에 환호했어요. 이 작품들을 미야자키가 그리고 연출했다는 사실은 한참 뒤에 그의 극장용 장면 애니메이션이 입소문을 타게 되면서 알려졌지요.

우리나라 극장에서 개봉되지 않아 대신 비디오테이프를 어렵게 구해 〈바람 계곡의 나우시카〉, 〈천공의 성 라퓨타〉, 〈이웃집 토토로〉를 본 당시 한국 영화 팬들의 반응은 열광적이었어요. 묵직한 울림을 주는 이야기에 감명받았고, 생기를 띠고 있는 자연과 인물을 그려 낸 영상, 인상적인 음악이 눈과 귀뿐만 아니라 마음에 오래오래 남았으니까요. 미야자키가 만든 작품을 보면서 영상으로 표현할 수 있는 것이 얼마나 무한한지를 깨닫고 영화를 공부하겠다고 결심하는 사람도 많았답니다.

미야자키가 작품을 새로 발표할 때마다 자연스럽게 팬이 늘어났어요. 미국과 유럽에서도 가장 존경받는 영화감독이 되었고요. 권위 있는 여러 국제 영화제에서 상을 받았다는 이력에 앞서, 그의 작품은 무엇보다 전 세계를 행복하게 해 주었으니까요. 이러한 거장의 작품과 함께한 시간은 축복이었어요.

미야자키의 삶을 들여다보면 그의 영화는 타고 난 재능뿐 아니라 뼈를 깎는 노력과 시련에 굴하지 않는 의지가 있기에 가능했다는 사실을 알 수 있어요. 또한 어떤 태도로 세상을 바라보아야 많은 사람이 공감하는 주제를 이끌어 낼 수 있는지도 배우게 되지요. 자연과 함께 더불어 살아가는 삶 말이에요.

마침 스웨덴에서 이 책을 쓰고 있을 때 스튜디오 지브리가 영화 제작을 중단한다는 뉴스가 전해졌어요. 모두 그 소식을 온종일 화제로 올렸을 만큼 스웨덴 사람들도 미야자키와 지브리에 대한 애정이 각별했어요. 우리는 미야자키가 평생을 쉬지 않고 그려 온 작품을 여전히 감상할 수 있고, 그가 지브리 미술관이나 지역 사회 운동을 통해 사회에 기여하는 모습도 계속 지켜볼 수 있어요. 미야자키가 돌아오면 스튜디오 지브리도 활력을 되찾을 거라고 믿습니다.

여러분이 이 책을 읽으며 미야자키가 왜 영화 역사에 길이 남을 감독인지를 이해하면 좋겠어요. 아울러 그의 영화를 깊이 있게 볼 수 있는 길잡이가 된다면 더 바랄 것이 없겠습니다.

장하경

1

Miyazaki Hayao

꿈을 그리는

소년

비행기가 없어도
하늘이 좋아

"미야자키 감독의 영화가 전해 주는 감동은
우리 안에 잠자는 동심을 깨어나게 한다."

베니스 영화제 사무국

어린 시절 미야자키는 파랗고 맑은 하늘을 무엇보다 좋아했어요. 비행기 부품 공장을 운영하는 아버지 때문이었을까요? 비행기를 가질 수는 없어도 비행기를 타고 자유롭게 하늘을 나는 조종사가 되고 싶었답니다. 하지만 미야자키가 태어난 일본은 한창 전쟁 중이었어요. 도쿄 대공습으로 이웃 사람들이 죽고 살던 도시가 새카맣게 타 버린 광경에서 전쟁의 진짜 모습을 보았지요. 충격을 받은 미야자키는 무슨 생각을 했을까요?

언젠가는 모험을 떠날 거야

'앨리스는 아이인데 대체 왜 어른 얼굴을 하고 있는 거지?'

마루에 엎드려 책을 읽던 소년은 못마땅한 얼굴로 중얼거렸어요. 이번에 도서 대여점에서 빌려 온 《이상한 나라의 앨리스》는 이해하기 어려웠거든요. 영어를 모르는 일본 소년에게는 와 닿지 않는 내용이 많았어요. 하지만 소년은 좀처럼 책에서 눈을 떼지 못했답니다. 높은 나뭇가지 위에 둥그렇게 몸을 말고 앉아 앨리스를 내려다보는 고양이의 미소가 섬뜩하면서도 한편으로 마음이 끌렸기 때문이에요.

정원에서 파닥파닥 날갯짓하는 참새가 눈에 들어오자 소년은 습관대로 하늘을 바라보았어요. 소년이 하늘에 시선을 빼앗길 때면 어른들은 이렇게 말하곤 했지요.

"미야자키는 아버지 비행기가 아직도 하늘을 날고 있다고 생각하나 봐."

하지만 소년은 어른들의 염려처럼 아버지가 만든 비행기를 찾는 게 아니었어요. 하늘을 나는 비행기도 근사하지만, 소년에게 파랗게 맑은 하늘은 아무리 쳐다봐도 질리지 않는 세계였답니다. 하늘만 보고 있어도 가슴이 두근두근했어요. 몸도 마음도 구름처럼 가벼워져서 모험 가득한 다른 세계로 두둥실 날아가는 꿈을 꿔 볼 수 있었거든요.

'모험을 할 기회는 꼭 올 거야!'

소년은 때가 되면 이와나미 문고岩波文庫의 주인공들처럼 용기를 내고 지혜를 발휘하리라 다짐했어요. 하지만 지금 소년 앞에 놓인 문제는 손도 안 댄 방학 숙제, 날짜 칸이 고스란히 비어 있는 일기장이었어요. 이제 여름 방학도 끝나 가는데 말이에요.

한숨을 쉬며 《이상한 나라의 앨리스》를 덮은 소년은 공책을 펼쳐 들었어요. 공책은 페이지마다 온갖 낙서로 가득 차서 글씨를 쓸 공간이 거의 보이지 않았지요. 연필을 들자 동그란 눈을 앨리스에게 고정하고 있던 고양이의 익살스러운 미소가 다시 눈앞에 떠올랐어요. 슥슥슥. 페이지 귀퉁이에 순식간에 고양이 한 마리가 나타났습니다.

소년은 뛰어가는 고양이를 미세하게 다른 자세로 페이지 모서리마다 그려 넣었어요. 그러고는 공책 모서리를 손으로 재빠르게 넘겨 보았어요. 그랬더니 고양이가 동네의 기와집과 초가집 지붕 위를 뛰어다니듯이 움직여요. 군데군데 그려 넣은 구불구불한 밭길과 나무도 획획 지나가고요.

"어때, 치쿠? 이렇게 그림이 움직이는 걸 보면 엄마가 웃으시겠지? 이번에 엄마 만나러 갈 때 꼭 가져가야겠어."

소년은 마루에 고개를 얹고 그림을 들여다보던 강아지에게도 그림을 보여 줬어요. 하얀 털을 쫑긋거리던 치쿠는 이때 짐작이나 했을까요? 소년이 그린 이 고양이 그림이 살아 움직이는 영상으로 전 세계 아이들을 행복하게 웃게 할 거라는 사실을 말이에요.

군인의 이름을 갖다

초등학생이던 미야자키 하야오가 치쿠와 함께 책을 읽고 그림을 그리던 1950년대 초반의 일본은 지금의 일본과는 전혀 다른 모습이었어요. 제2차 세계대전에 뛰어들었다가 패한 일본은 전쟁의 상처를 회복하려고 애썼어요.

제2차 세계대전은 1939년에 일어났는데, 제1차 세계대전에서 패한 독일이 이탈리아, 일본과 함께 다시 전 세계를 전쟁으로 몰고 갔던 비극적인 사건이에요. 1945년에 미국이 일본에 원자폭탄을 떨어트리면서 미국, 프랑스, 영국이 주축이 된 연합국이 승리할 때까지 인류 역사에서 가장 큰 인명과 재산 피해를 낳은 전쟁입니다.

미야자키는 일본이 제2차 세계대전에 본격적으로 뛰어든 해인 1941년 1월 5일, 도쿄 분쿄文京 구에 있는 아케보노 초曙町의 유복한 가정에서 태어났어요.

"둘째 아들 이름은 하야오라고 지어야겠어, 미야자키 하야오."

아버지 미야자키 가쓰지宮崎勝次가 아기를 안고 환하게 웃자 어머니 미야자키 미코宮崎美子는 의아해 했어요.

"유명한 군인 이름이잖아요? 당신은 군인이라면 싫어했으면서……."

"요즘은 군인 이름이 인기란 말이야."

돈 벌 궁리만 하는 아버지

"바보 같은 전쟁에 나가서 싸우고 싶지 않아."

어린 미야자키는 매일같이 아버지가 이렇게 되뇌는 말을 들었어요. 그런데 희한하게도 전쟁을 이용해 큰돈을 벌어들인 사람은 다름 아닌 아버지였어요. 병에 걸린 삼촌을 대신해 도치기栃木 현에 있는 비행기 부품 공장 '미야자키 항공사'의 공장장으로 일하면서, 제2차 세계대전 때 사용하던 전투기의 방향타*를 만들었거든요.

전쟁에 쓰는 무기를 만든다는 죄책감이 전혀 없던 아버지는 오로지 돈 벌 궁리만 했어요. 진주만 공격으로 미국과 일본이 전쟁을 시작한다는 뉴스를 들으면서도 돈을 더 벌 수 있을 테니 잘됐다며 "야호!" 하고 좋아했어요.

---

* **방향타** 비행기의 꼬리 날개에 부착되어 방향을 잡는 역할을 하는 기관이에요.

일이 숙련되지 않은 사람들을 모아 대량으로 생산하다 보니 엉터리 제품도 나오곤 했어요. 그럴 때마다 아버지는 관계자한테 뇌물을 주며 불량품을 감쪽같이 통과시켰지요. 제2차 세계대전이 막바지에 이르자 주변 사람들은 아버지에게 충고하기 시작했어요.

"이봐, 일본은 전쟁에 질 거야. 그 사업도 이쯤에서 그만두는 것이 좋겠네."

"어쨌거나 지금은 주문이 들어온단 말일세. 우리는 주문대로 만들어서 돈만 벌면 돼. 나는 전쟁을 돕고 있는 게 아니야. 이건 그저 장사일 뿐이라고."

주변의 만류에도 아버지는 세계정세가 어떻게 돌아가는지에 관심을 두지 않았어요. 일본이 연합국에 항복하던 해인 1945년에도 은행에서 돈을 빌려서까지 무리하게 투자할 만큼 말이죠.

어머니가 들려주는 산골 마을 이야기

하지만 어머니는 아버지와 여러모로 달랐답니다. 누에를 키우던 북쪽 농가에서 자란 어머니는 결혼한 뒤에 아버지 집안의 가족들이 식사하는 모습을 보고 깜짝 놀랐어요. 큰 공장을 운영하는 부유한 아버지의 집에서는 정해진 식사 시간이 없이 그냥 되는 대로 서서 식사를 했어요.

먹는 음식도 늘 같았어요. 똑같은 가게에서 크로켓과 삶은 콩을 사다 먹었으니까요. 형편이 넉넉하지 않은 어머니의 집에서도 상상하지 못할 엉망진창인 식사였던 거예요. 또 아이들에게는 용돈을 쥐어 주고 밖으로 등 떠밀어 내보내면 그만이었어요.

"여보, 이럴 순 없어요. 우리 집도 늘 바빴지만 식사나 육아는 신경 썼단 말이에요."

그래서 어머니는 정성껏 음식을 만들고, 네 아들을 무조건 밖으로 내보내는 대신 책을 읽어 주며 함께 시간을 보냈어요. 사회에 대해 아이들과 이야기를 나누기도 했지요. 어머니는 말재주가 좋은 사람이었어요.

"엄마, 야마나시山梨 산골 마을 이야기를 다시 해 주세요!"

"아침이면 말이야, 우리 집 앞으로 말에 짐을 잔뜩 올린 사람들이 지나가곤 했어. 잠깐 쉴 때 '아저씨 춥지 않아요?'라고 묻기도 했는데, 그러면 '아침에 된장국을 먹고 나와서 춥지 않아!' 하고 대답해 주었단다."

멀리 짐을 운반하는 사람들이 왕래하는 산골 마을은 얼마나 활기가 넘쳤을까요? 도쿄에서 105km 떨어진 큰 도시 우쓰노미야宇都宮에 살던 어린 미야자키는 어머니의 이야기를 들으며 가 보지 못한 먼 동네의 삶을 상상해 보았어요.

비행기 조종사가 되고 싶어!

꼬마 미야자키는 아버지를 따라다니며 비행기를 아주 가까운 거리에서 보게 되었어요. 그러면서 비행기의 매력에 흠뻑 빠져 버렸답니다.

사실 미야자키는 아버지가 비행기 부품을 만든다거나 그 비행기가 전쟁에 쓰인다는 것을 알 리가 없었어요. 그저 프로펠러가 돌아갈 때 일어나는 바람, 부르릉거리는 엔진 소리가 흥미로웠지요. 공중에 떠 있는 비행기가 그의 눈에는 세상에서 가장 아름다운 새처럼 보였어요.

"나는 커서 비행기 조종사가 될 거야!"

미야자키는 조종사가 되는 꿈을 키워 갔어요. 그에게 비행기는 자유롭게 하늘을 나는 존재였어요. 결국 시력이 좋지 않아 나중에 꿈을 단념해야 했지만요.

비행기 조종사가 되고 싶었던 꿈은 훗날 〈바람이 분다〉2013에도 영향을 미쳤답니다. 〈바람이 분다〉는 호리코시 지로라는 비행기 설계자 이야기거든요.

도쿄 대공습

1945년 3월, 어린 미야자키는 도시의 25%가 파괴된 공습을 경험하면서 끔찍한 전쟁의 진짜 모습을 보았어요. 도쿄에서 시작해 우쓰노미야까지 폭격을 받자, 미야자키 가족은 집에서 뛰쳐나와 철도의 둑을 기어올라 도망쳐야 했어요. 아버지가 미야자키를 업고, 남동생은 어머니가 둘러메고, 삼촌은 형의 손을 잡았어요.

둑 위로 도망가다 뒤를 돌아보니 우쓰노미야의 집들에서 불길이 치솟아 시내가 대낮처럼 밝았어요. 미야자키가 좋아하던 하늘은 구름으로 잔뜩 뒤덮였고, 낮게 나는 미국 폭격기가 쏟아낸 미사일이 비 오듯 했어요.

한밤에 공습경보 사이렌이 울리면서 강한 바람을 타고 불길이 번지기 시작했어요. 공장, 상점, 작은 주택이 몰려 있는 중심가에 거대한 불구덩이가 30m 높이까지 타올라 밤하늘이 지옥 불처럼 이글거렸어요. 불을 끄려던 사람들이 불에 타 죽거나 뜨거운 연기에 질식해 쓰러져 갔어요. 세상의 종말이 온다면 바로 이런 모습일 거예요.

다음 날 아버지는 도쿄에 있는 친척들 걱정에 우쓰노미야에서 도쿄까지 직접 가서 생사를 일일이 확인하러 다녔어요. 집에 돌아온 아버지는 어머니에게 슬픈 눈으로 이렇게 말했지요.

"끔찍하기 이를 데 없어. 마을에 죽은 사람들이 겹겹이 쌓여 있었어."

미야자키는 전쟁을 일으킨 어리석은 이 나라와 어른들이 싫어졌어요. 왜 이런 불행을 만든 것인지 도무지 이해할 수 없었어요.

'왜 우리나라는 다른 나라를 침략해 사람을 죽이고 싸워야 했을까? 이렇게 바보 같은 나라에서 살고 있다니…….'

사춘기의
그림

"어렸을 때 '역시 이것'이라 할 만큼 자신에게
아주 중요한 책 한 권을 만나는 일은 소중하다."

미야자키 하야오

전쟁이 끝났습니다. 일본은 모든 것을 다시 시작해야 했어요. 어머니가 병
으로 쓰러지고 아버지가 새로운 일을 구하기 위해 가족과 함께 도쿄로 이
사하면서, 사춘기 소년 미야자키는 혼자 노는 게 좋은 내성적인 아이가 되
었어요. 다행히도 책이 좋은 친구가 되어 주었지요. 책 속에 나오는 그림
을 따라 그리면서 한껏 행복했고요. 그러다 어느 낡고 허름한 영화관에서
그의 인생을 바꿀 영화를 만났어요. 바로 애니메이션 〈백사전〉이에요.

승리한 미국, 패배한 일본

히로시마와 나가사키까지 원자폭탄으로 공격을 받으면서 결국 일본은 항복을 선언했어요. 일본인에게 남은 것은 미국에 대한 원망과 굴욕감뿐이었지요. 하지만 어른과 다르게 아이들은 전쟁에 진 일본에 몰려온 승전국 미국의 군인들이 그저 신기한 구경거리였답니다. 미군은 일본 아이들에게 껌이나 초콜릿을 주기도 해서 인기가 많았어요.

"거기 눈 큰 귀여운 꼬마야. 우리나라에서 만든 이 초콜릿 먹어 볼래?"

미야자키는 어린아이였지만 미군에게 간식거리를 얻어먹는 게 어쩐지 자존심이 상해서, 미군이 초콜릿을 흔들며 불러도 못 본 척 돌아섰어요.

반대로 아버지는 미군과 친구가 되고 싶어 했답니다. 아버지는 일본을 전쟁에서 지게 한 미국에 적개심을 품지 않았어요. 심지어 길에서 미국인을 만나면 집으로 초대하기도 했어요.

"우리 집에 놀러 와!"

아버지는 오로지 가족을 어떻게 먹여 살릴까만 생각했어요. 아버지가 운영하던 미야자키 항공사가 패전과 동시에 문을 닫았고, 집안 형편도 어려워졌으니까요.

아버지는 궁리 끝에 공장에 아무렇게나 쌓여 있던 비행기 부품 재료로 숟가락을 만들기 시작했어요. 국물을 뜨기조차 어려울 만큼 부실해 보이는 제품이었어요. 하지만 아무리 엉성하게 만들었어도 전쟁이 끝난 뒤 물자가 없는 시대라서 아버지의 숟가락은 날개 돋친 듯 팔렸답니다.

혼자 노는 아이

전쟁이 끝나고 2년 뒤에 미야자키는 초등학교에 입학했어요. 그런데 집안에 큰 시련이 닥쳐오고 말았습니다.

"여보, 정신 차려요!"

아버지의 떨리는 목소리를 듣고 방에 달려간 미야자키는 쓰러진 채 괴로워하는 어머니의 모습을 보았어요. 어머니가 결핵균이 척추에 침투하는 무서운 병에 걸리신 거예요.

이후 꼬박 9년 가까이 어머니는 움직이지 못한 채 누워서 치료를 받아야 했어요. 어머니의 병 때문에 아버지와 미야자키 사 형제는 집을 옮기고 어머니를 간호하며 지내게 되었어요. 어머니가 요양을 가 집을 비울 때면 어머니를 향한 그리움에 많이 힘들었고요.

'집에서 일을 도와주는 누나는 무섭기만 해. 엄마라면 아침에도

상냥하게 흔들어 깨워 주고, 내 이야기도 들어 줄 텐데…….'

미야자키는 학교가 끝나면 혼자 노는 아이가 되었어요. 여기저기 홀로 돌아다니던 그의 눈에 들어온 것은 전쟁으로 폐허가 된 풍경이었어요. 예전에는 놀이동산이거나 공원이었던 곳이 사람 손이 닿지 않은 채 방치되어 있었어요. 풀이 덥수룩하게 자란 연못 다리에는 이끼가 잔뜩 끼어 있고, 낙엽만 수북이 쌓였지요.

'그런데 전쟁을 겪었어도 하늘과 물은 여전히 맑고 파랗구나.'

미야자키는 한참 하늘을 바라보거나 물속을 들여다보았어요. 맑게 흐르는 물속 세상은 자기를 둘러싼 세상과 다르게 멋있어 보였어요.

'물잎 벌레는 참 재미있게 생겼네. 물속의 작은 생물들에게는 우리 세상이 어떻게 보일까?'

늘 꼬리에 꼬리를 무는 상상은 힘든 현실을 잊게 해 주었어요. 그러다 성게를 보게 된 어느 날, 미야자키는 크게 흥분했어요.

'이렇게 재미있는 건 꼭 엄마한테 보여 줄 거야!'

미야자키는 나무 밑에 성게를 고이 모셔 두었어요. 그런데 다음 날 나무 밑에서 죽은 채 썩어 버린 성게를 발견하고는 크게 실망했어요. 이렇게 쉽게 죽어 버리다니요.

곤충 채집을 위해 장수풍뎅이를 잡은 날이었어요. 표본 상자에 장수풍뎅이를 바늘로 찔러 넣어 두었던 미야자키는 다음 날 상자를 열어 보고는 깜짝 놀랐어요. 장수풍뎅이가 멀쩡히 살아서 상자에서 걸어 다니고 있는 거예요!

미야자키는 친구들을 따라 잠자리 꼬리를 자르고 거기에 나뭇잎을 묶어서 날리는 못된 장난을 치기도 했었어요. 그런데 바늘에 박혀서도 움직이는 장수풍뎅이를 보면서 어렴풋이 깨달았어요.

'곤충이라고 함부로 다루거나 죽이면 안 되겠구나.'

그래서 곤충을 잡으며 노는 일은 초등학교 3학년을 끝으로 더는 하지 않았답니다.

여자아이를 재미있게 해 주고 싶어

미야자키는 학교에 다니면서 남자아이들과는 잘 어울리게 되었지만 어쩐지 여자아이에게 다가가기는 영 어렵기만 했어요. 흰 모자를 쓰고 긴 치마를 입은 여자아이가 자전거를 타고 지나가면 고개를 푹 숙였지요. 자기 외모가 부끄러웠거든요.

'큰 머리에 비해 키가 너무 작고 팔다리도 비실비실해. 난 저 여자아이를 업어 줄 수 없을 거야. 왜 나는 크고 강하지 못할까?'

미야자키는 위기에 빠진 예쁜 여자아이를 구출하는 상상을 해 보곤 했어요. 그래도 그에게는 이야기를 재미있게 하는 훌륭한 능력이 있었어요. 이웃에 사는 여자아이에게 자기가 읽은 책 내용을 이야기해 줄 때면, 여자 아이는 이미 알고 있는 이야기라도 집중해서 들었답니다. 감동해서 눈물을 보이기도 했어요. 미야자키는 좋은 이야기에도 업고 달리는 체력만큼이나 사람을 행복하게 하는 힘이 있다는 걸 점점 배워 갔어요.

도쿄로의 이사

미야자키가 초등학교 4학년이 되던 해, 가족들은 도쿄 에이후쿠永福로 이사를 하게 되었어요. 아버지가 도쿄로 돌아가서 새로운 일을 찾아보기로 했거든요. 전학을 가게 되자 미야자키는 한 여학생의 주변을 괜히 어슬렁거렸어요.

'떠나기 전에 꼭 좋아한다고 고백해야 해.'

하지만 내성적인 그는 머뭇대기만 했어요. 결국 아무 말도 건네지 못하고 학교를 떠났죠. 두고두고 가슴 아파하면서 말이에요. 전학 간 학교에서 새로운 환경에 적응하지 못할 때는 매일같이 두려움을 느꼈어요.

'내가 왜 이곳에 와 있는 걸까?'

교과서를 봐도 무슨 내용인지 도통 모르겠고, 마치 사방에 안개가 끼어 있는 것만 같았어요. 입원한 어머니를 찾아갈 때도 평소처럼 선뜻 뛰어들어 재잘대지 못했어요.

"미야자키, 요새 풀이 죽어 있구나. 무슨 일 있니?"

어머니가 넌지시 물었어요. 착하고 야무지다고 칭찬만 듣던 아이는 낯선 동네, 낯선 학교에서 자신감을 잃었어요.

'제가 세상에서 가장 불필요한 사람 같아서 불안해요.'

미야자키는 속으로 대답했어요. 차마 소리 내어 이야기할 수 없었지요. 그러다 찾아간 곳이 집 근처에 있는 헌책방이었어요. 헌책방은 무성한 수풀 속에 덩그러니 놓인 작고 묘한 건물에 있었어요. 손님이 오는 것을 본 적도 거의 없고 주인아저씨가 늘 혼자 있을 뿐이었어요.

'장사가 되긴 할까?'

그래도 그 헌책방에서 온갖 공상 과학책과 역사책을 만날 수 있었어요. 쉽게 볼 수 없는 귀한 책들까지도요.

"미야자키는 책벌레야!"

어느새 미야자키는 학교에서 책을 많이 읽기로 유명해졌답니다.

책 속 그림을 따라 그려요

미야자키는 닥치는 대로 열심히 책을 읽었어요. 지금 무슨 일이 벌어지고 있는지 도무지 이해가 되지 않아서 책 속으로 도망치고 싶었던 거예요. 책 속에는 꿈과 희망이 있었거든요.

소년 소녀 세계 문학 전집은 전부 읽었다고 할 수 있을 정도였어요. 책을 통해 세상과 모험과 사람들에 대해 배울 수 있었어요. 마음에 드는 책에 푹 빠져 있을 때면 몇 시간이고 한마디도 하지 않았어요. 말로 내뱉으면 가슴 속의 소중한 무엇인가가 쑥 빠져나갈 것만 같았거든요.

글자만 가득 차 있는 책이라도 이야기가 재미있으면 집중해서 읽는 데 어려움이 없었어요. 그리고 마법 램프를 가진 한 소년이 램프를 차지하려는 악당들과 싸우는 《사막의 마왕》같은 만화나, 삽화가 많은 책은 더 열심히 반복해서 읽었어요.

책 속의 그림은 미야자키에게 큰 도움이 되었어요. '청어 볶음 요리'같이 아무리 글로 설명해도 알기 힘든 외국 소재들을 그림이 잘 알려 주었으니까요. 그러다 어느 결엔가 그림을 따라 그리게 되었어요. 삽화를 살펴보는 미야자키의 눈은 제법 날카로웠답니다. 잔니 로다리Gianni Rodari의 《치폴리노의 모험》같이 좋은 삽화가 있는 책을 펼치면, 하루가 모자라도록 구석구석 살펴보며 그리기 전에 먼저 분석했어요.

'둥근 얼굴에도 입가에는 주름이 보이네? 표정은 이렇게 만드는 거구나.'

그런데 어머니는 그림책을 보고 따라 그리는 미야자키에게 가끔 잔소리를 했어요.

《책으로 가는 문》은 미야자키가 어린 시절
부터 감동적으로 읽은 어린이 책 50권을 꼽
아 소개한 책이랍니다.

《치폴리노의 모험》 속 삽화는 미야자키가
즐겨 따라 그리던 그림이지요.

"미야자키, 아무리 그림책의 그림이 좋아도 다른 사람의 그림을 흉내 내서는 안 돼. 네 그림을 그려야 해."

  사 형제 가운데 미야자키는 큰 형과 자주 비교되었어요. 형은 학교에서 활발한 활동으로 리더십을 발휘했지만, 미야자키는 먼저 나서지 못하는 소심한 아이였으니까요. 그렇다고 형을 따라 하거나 닮고 싶어 하지는 않았어요. 그래도 전기 소설에 나오는 전투 장면을 워낙 좋아했던 형 덕분에 전쟁 영웅 전기를 덩달아 많이 읽게 되었지요.
  '이건 완전히 허풍인데?'
  전기 소설을 보면 볼수록 인물의 업적을 평가하는 책의 시각에 대한 미야자키의 생각도 깊어졌어요. 그는 헌책방에서 전쟁을 비판하는 책, 전쟁을 담은 참혹한 사진도 꾸준하게 찾아보는 소년이었으니까요. 가끔은 군용기나 군함, 전차가 사람을 죽이는 전쟁에 쓰인다는 사실을 잊어버린 채 전기 소설에 나오는 그림을 따라 그리기도 했어요.
  "우와! 미야자키, 이거 정말 네가 그린 거야?"
  미야자키는 싸움을 해도 매번 지기만 하고 걸음도 느렸지만, 그림 실력은 누구나 깜짝 놀랄 만큼 갈수록 좋아졌어요. 그러면서 다시 자신감이 생겼어요. 반에서 연극을 할 때면 시키지 않아도 나서서 미술을 맡을 만큼 적극적이 되었어요. 책 읽기만큼이나 책 속 그림 따라 그리기는 미야자키의 일상이 되었지요. 초등학교를 졸업할 무렵에는 이렇게 생각하기도 했답니다.

'그림 그리기가 직업이 될 수 있지 않을까?'

하지만 아버지는 미야자키가 책을 읽고 있으면 못마땅해 하며 혀를 차곤 했어요.

"또 밤늦게까지 책을 읽고 있었던 거냐? 책 따위를 읽으면 어른이 될 수 없어. 소설은 그만 읽고 공부나 좀 제대로 하렴!"

당시 일본 어른들은 책 읽기를 공부라고 생각하지 않았어요. 아버지는 아이들이 소설을 읽으면 쓸데없는 것이나 알게 되지 않을까 걱정스럽기만 했어요.

아버지와 함께 가는 영화관

아버지는 누운 채로 움직이지 못하는 어머니의 몫까지 자식들에게 해 주고 싶어 하는 가정적인 분이었어요. 미야자키가 중학교에 입학하자 아버지는 드디어 그를 영화관에 데려갔답니다. 처음에는 주로 아버지가 보고 싶은 영화를 따라 보는 식이었어요. 나루세 미키오의 〈밥〉1951이나 우치다 토무의 〈황혼의 술집〉1955 같은 어른 영화들이었지요. 어른 영화이다 보니 이해하기가 쉽지 않앉어요. 권태기에 접어든 부부의 갈등을 보여 주는 이야기거나 했으니까요.

"영화는 어땠니?"

"어렵지만 어딘가 기억에 남아요. 다음에도 데려와 주세요!"

아버지와 함께 영화 보는 일은 늘 즐거웠어요. 중학생 미야자키는 비토리오 데 시카의 〈구두닦이〉1946나 〈자전거 도둑〉1948 같은 명작 영화 대신 신나는 난투극이나 서부극을 좋아했지요.

미야자키는 누워서 지내야 했던 어머니에게 아버지와 함께 본 영화 이야기를 들려주었어요. 그는 영화 이야기를 시작으로 어머니와 문화, 사회에 걸쳐 많은 이야기를 나누었어요.

사토 선생님의 미술 수업

"미야자키, 도대체 창문 너머로 뭘 보고 있는 거니?"

미야자키는 수업 시간에 선생님의 지적을 듣고 칠판으로 황급히 시선을 돌려야 할 때가 종종 있었어요. 그래도 중학교 생활은 마음에 들었어요. 수업도 재미있었고요. 다만 운동장에서 자라는 가시나무가 미야자키가 앉은 자리에서 잘 보였을 뿐이었지요. 멋진 가시나무라 쳐다보기만 해도 기분이 좋았고, 어떻게 잘 그려 볼 수 없을까 궁리했거든요.

미야자키는 커다란 나무를 그리기 시작했어요. 나무뿐 아니라 철탑도 그렸만 대개 나무와 같은 식물이나 자연에 관심이 많았어요. 다양하고 복잡한 세계라고 생각했거든요. 매미의 눈이나 가재의 발끝을 살펴보노라면 가슴이 떨려 왔어요.

미야자키를 유심히 지켜보던 아버지는 그림 그리기를 좋아하는 그를 중학교 미술 교사인 사토 선생님에게 데려갔어요. 사토 선생님은 프랑스에서 미술을 공부한 분이었어요. 미야자키는 나이도 많고 차분한 사토 선생님이 좀 어려웠어요. 하지만 사토 선생님은 미야자키가 그린 그림에서 무궁무진한 가능성을 발견했답니다. 그가 이야기를 읽어 내는 능력을 알아본 거예요. 선생님은 미야자키가 만화를 좋아한다는 사실도 재미있게 생각했어요.

'이 영리한 학생을 어떻게 가르쳐야 할까…….'

사토 선생님은 미야자키의 재능을 한 단계 높이 이끌어 내기 위해 고심했어요. 그래서 미야자키에게 그림을 그리는 바른 태도부터 가르쳤어요.

"예술가라면 자기만의 그림을 그릴 줄 알아야 해."

삽화를 따라 그리며 그림 실력을 키워 오던 미야자키에게는 갑작스럽고 어려운 주문이었어요.

"자기만의 그림은 어떻게 그릴 수 있나요?"

"사물에 생기를 불어넣는 기본기부터 갖추어야 한단다."

사토 선생님의 대답은 의외로 간단했어요. 선생님은 시간이 날 때마다 근처 동물원에 가 보기를 권했어요.

"움직이는 동물의 모습을 그려 보렴."

움직이는 대상을 빠르게 스케치하는 크로키는 그림의 기본기를 갖추는 데 도움이 되니까요. 도화지를 들고 열중하며 동물들의 움직임을 살펴볼수록 뼈와 근육의 모양새가 눈에 들어왔어요. 동물원에 놀러 온 사람들은 우리 앞에서 크로키하는 미야자키의 그림을 넘겨다 보며 감탄했어요. 미야자키의 그림 실력은 갈수록 발전해 갔답니다.

사토 선생님이 심혈을 기울인 또 다른 수업은 대상을 자기 나름대로 그릴 수 있게 변형하는 기법이었어요. 선생님의 지도로 미야자키는 감정이나 생각을 점차 그림으로 자유롭게 표현하게 되었지요. 그는 다시 《치폴리노의 모험》의 삽화 같은 개성 있는 그림을 그리고 싶다고 생각했어요. 단순히 베끼는 수준이 아니라, 미야자키 자신의 그림을 말이에요.

미야자키의 그림은 만화에 가깝게 틀을 갖추어 갔어요. 사토 선생님은 그에게 잠자고 있던 그림 실력과 창의력을 깨우쳐 준 고마운 스승이에요.

고등학생 중에는 미야자키만 만화를 본대

고등학교에 입학하자 미야자키는 주변의 친구들이 더는 만화를 읽지 않는다는 사실을 깨달았어요. 그는 여전히 만화 잡지를 많이 읽고 있었거든요.

"미야자키, 만화책은 어릴 때나 읽는 거야. 우리 학교에 만화 읽는 놈은 너밖에 없다고."

친구들은 미야자키를 놀려 댔어요. 하지만 여기에 발끈한 그는 아예 친구들에게 이렇게 선언해 버렸답니다.

"난 만화가가 될 거야!"

"미야자키의 장래 희망이 만화가래. 바보 아닐까, 저 녀석?"

바보라는 말을 듣는 순간 미야자키는 오히려 친구들을 바보라고 생각했어요.

'어떻게 만화가 가진 무궁무진한 매력을 모를 수가 있지?'

미야자키는 학교 공부에서 오는 스트레스를 만화를 그리며 해소했어요. 중학교와 달리 고등학교 공부는 부쩍 힘에 부쳤어요. 대학 입시 때문에 부담도 크고 숙제는 잠을 줄여 가며 해야 했으니까요. 마음이 맞는 친구가 많지 않은 탓도 있었어요. 친구들과 어울려 지내기에 겉으로는 큰 문제가 없어 보였지만, 남달리 생각이 깊고 조숙해서 마음을 터 놓기 어려웠어요. 고단하고 지루하기만 한 학교. 그는 매일 아침 학교 앞으로 꺾어지는 모퉁이 앞에서 이루어질 리 없는 주문을 속으로 되뇌었어요.

'학교야, 제발 사라져 있어라…….'

이제 만화는 미야자키가 답답한 학교생활에서 잠시 벗어나 꿈을 꿀 수 있는 유일한 길이 되었어요. 마음껏 그릴 여유는 없었지만, 칸을 나누고 말풍선과 함께 인물을 떠올려 보며 꾸준히 만화를 그려 나갔어요. 그림과 이야기가 합쳐진 만화는 그릴수록 흥미진진했고, 만화를 그릴 때면 현재의 불만이나 미래에 대한 불안을 잊을 수 있었어요.

대학에는 가야 한단다

사춘기에 접어든 미야자키는 부모님의 의견에 따르기보다는 스스로 판단하며 살아야 한다는 주관이 더욱 뚜렷해졌어요. 몸도 마음도 어린아이에서 벗어나고 싶어서 일부러 어둡고 심각한 만화를 그리곤 했죠.

미야자키는 더 이상 주변에서 아름다움을 찾고 즐기기가 어려워졌어요. 이상하게도 시간이 갈수록 더욱 뚜렷해지는 악몽에 시달렸기 때문이에요. 제2차 세계대전의 대공습과 전쟁 후 폐허가 된 마을에 대한 괴로운 기억 말이에요. 바로 어제 일처럼 생생하게 꿈을 꾸다가 소리를 지르며 깨어나기도 했어요. 이런 미야자키에 대해 아는지 모르는지 아버지는 대학 진학 문제에 강경했어요.

"아버지, 저는 초등학교 때부터 그림을 그리는 사람이 되고 싶었어요. 그러니 꼭 대학에 갈 필요는 없다고요."

"무슨 일이 있어도 좋은 대학부터 가야 한다. 직업 선택은 대학 졸업 후에나 해라."

"꼭 대학에 가야 한다면 미술 대학에 가겠어요. 만화가가 되고 싶어요."

"미대를 나와서 어떻게 먹고살 만한 직업을 갖겠다는 거냐? 장래 계획이 확실하지도 않은 채 무턱대고 우기는 거라면 더 안 된다!"

아버지의 말에 미야자키는 할 말이 없었어요.

'어떻게 해야 그림 그리기가 직업이 될 수 있을까?'

사실 미야자키는 막연하게 만화가가 되겠다는 생각만 했지 명확하게 미래를 계획한 것은 아니었거든요. 그래서 아버지가 원하는 대로 대학 진학을 결정하고, 고3 내내 공부로 밤을 지새우며 입시 준비를 했어요.

애니메이션과 사랑에 빠졌어요!

피로한 수험 생활에 지쳐 가던 어느 날, 미야자키는 오랜만에 변두리의 작고 허름한 영화관을 찾았어요. 영화관에서는 일본 최초의 컬러 애니메이션을 상영하고 있었어요. 당시에는 극장에서 상영하는 애니메이션을 만나기란 쉽지 않았어요. 다른 영화를 보러 가서 어쩌다 월트 디즈니사의 〈미키 마우스〉나 〈도널드 덕〉이 동시 상영되는 걸 우연히 볼 뿐이었죠. 그런데 이날은 의외였어요.

'어라, 우리나라가 만든 애니메이션이 있었어?'

그날 상영한 애니메이션은 〈백사전白蛇伝〉1958이었답니다. 도에이東映라는 애니메이션 회사가 만든 이 영화는 중국의 하얀 뱀 전설을 바탕으로 하고 있어요. 하얀 뱀 요정과 인간 소년의 사랑 이야기는 순수한 감성이 살아 있는 매력적인 애니메이션으로 변신해 있었죠. 미야자키는 감동을 넘어 충격에 가까운 흥분을 느꼈어요. 애니메이션에 설레다 못해 부모님에게 신경질을 부리던 자신과 작품 속 인물을 비교하며 반성하기까지 했어요.

'저 인물들은 저렇게 열심히 살고 있는데, 왜 나는 수험 공부에 찌들어 뻣뻣해졌을까?'

〈백사전〉의 아름다운 여성 캐릭터 '파이냥'은 그냥 바라보고만

있어도 황홀했어요. 사랑에 빠진 듯한 기분마저 들었어요. 미야
자키에게는 첫사랑만큼이나 중요한 사건이었답니다. 〈백사전〉처
럼 가슴 설레는 아름다운 멜로가 있는 작품을 그리고 싶다는 강렬
한 마음이 생겼으니까요.

'지금까지 그려 왔던 거친 활극이 정말 내가 그리고 싶은 그림일
까?'

미야자키는 그 후 3일간이나 계속 극장을 찾아 〈백사전〉을 되
풀이해서 봤어요. 여러 번 보자 작품의 허점이 눈에 들어오기 시
작했어요. 이야기가 전개될수록 힘이 빠지고, 남자 주인공 슈센과
파이냥을 제외한 다른 인물들은 밋밋하게 그려져 있었죠.

'주인공의 비극적인 사랑을 돋보이게 하느라 다른 인물들이 생
동감을 잃었구나. 나 같으면 더 나은 방법을 찾았을 텐데…….'

미야자키는 사람의 마음을 표현하는 수단으로서 애니메이션이
가진 힘을 〈백사전〉을 통해 처음으로 실감했어요. 〈백사전〉은 그
가 종이에 그리던 만화에서 움직이는 영상인 애니메이션으로 관
심을 넓게 한 중요한 작품이에요. 주로 비행기나 전투함을 즐겨
그리던 미야자키가 가슴 벅차게 바라보던 파이냥을 떠올리며 이
후 사람을 더 주력하여 그리게 되었어요.

애니메이션과 관련된 장래 계획을 구체적으로 세우지 못한 채,
미야자키는 종이에 만화 그리기를 그만두었어요. 그리고 만화뿐

〈백사전〉 포스터. 미야자키는 이 영화를 보고 애니메이션에 관심을 두게 되었죠.

아니라 자기를 둘러싼 역사나 사회에 대해 진지하게 생각해 볼 틈도 없이 고3 수험 생활을 보냈어요. 훗날 미야자키는 이때를 "잠만 잔 것 같은 시기"였다고 회상했어요. 수험 공부에 치여 어떤 활동도 하지 않았고, 친구를 사귄 것도 아니었기 때문이에요.

나는야
만화가 지망생

"미국 디즈니에 대항하는 일본 애니메이션을 만들고 싶습니다!"

미야자키 하야오

대학생이 되어서도 미야자키는 전공인 경제학보다 그림과 이야기에 관심이 더 많았어요. 특히 어린이 문학을 무척 좋아했어요. 자취방에는 책과 그가 그린 만화 원고만 쌓여 있었지요. 어릴 때부터 상상해 오던 모험을 만화로 만들고 싶었거든요. 출판사에서 계속 원고를 거절당해 의기소침하기도 했지만, 그는 결국 자신의 길을 찾아냈답니다. 그래, 애니메이션을 만들어 보자!

학교 대신 화실로

미야자키는 열심히 공부한 덕분에 1959년 가쿠슈인 대학교 정치 경제학부에 입학했어요. 미야자키의 형이 재학 중이던 가쿠슈인 대학교는 일본 왕족과 귀족이 주로 다니던 명문 학교였지요. 하지만 비싸기로 악명 높은 수업료에도 불구하고 그는 전공인 경제학 공부에 열의가 없었어요. 어른들의 권유로 선택한 전공을 열심히 해야 할 이유를 찾지 못했기 때문이에요. 대신 대학교 근처에 있는 사토 선생님의 화실에 다니며 다시 그림을 배우기 시작했어요. 사토 선생님이 중학교를 그만두고 유치원을 운영하면서 유화를 그리고 있을 때였거든요.

대학생이 되자 미야자키는 일본이 치른 전쟁에 대해 다시 심각하게 고민했어요. 전쟁과 관련된 악몽에 여전히 시달리고 있었고, 일본에 과연 평화로운 미래를 기대할 수 있을지 연거푸 회의가 들었기 때문이에요.

'우리는 저주받은 세대 아닐까? 도대체 우리가 무얼 할 수 있을까?'

괴로운 마음이 깊어갈수록 미야자키는 석고상이 두세 개밖에 없는 작은 화실을 피난처 삼아 그림 그리기에만 집중했어요. 토요일마다 꼬박꼬박 화실에 들러 석고 데생을 하다 갔지요. 사토 선생님에게 종종 보여 드리던 만화도 더는 그리지 않았어요. 사회에 대한 회의와 무력감으로 미야자키의 표정은 어둡고 심각하기만 했어요.

어느 날 저녁, 사토 선생님은 묵묵히 그림을 그리고 있던 미야자키에게 말을 걸었어요.

"오늘 술 한잔 할까?"

사토 선생님과 가깝게 지내지 못하던 미야자키에게는 의외의 제안이었어요. 사토 선생님은 섬세한 감수성을 지닌 제자의 고뇌를 이해했기에 어떻게든 마음의 짐을 덜어주고 싶었어요. 그날 저녁 미야자키에게 술을 따라주며 선생님은 진심을 담아 이야기했어요.

"살아간다는 건 사실 시시하지. 나는 현실이 진짜가 아니라 그림 속에 영혼이 깃들어 있다고 생각하네. 네가 좋아하는 만화 속에 네가 찾는 답이 있지 않을까?"

미야자키는 선생님의 말씀을 선뜻 이해하기 어려웠어요. 하지만 어디에도 마음 둘 곳 없고 아무것도 할 수 없다고 우울해 하던 자신을 위로해 주는 선생님이 다시 한 번 고마웠어요.

어린이 책이 더 감동적인 이유

대학생 미야자키는 일본의 과거와 현재, 미래에 대해 생각하며 우울할 때마다 홋타 요시에堀田善衛의 《광장의 고독》을 읽으며 위안을 받았어요.

'이 작가도 나와 같은 고민을 안고 있었어. 그런데 무력하기만 한 나와는 다르게 우리가 앞으로 나아가야 할 방향까지 알려 주고 있구나.'

미야자키는 분명하지는 않지만 자기가 가야 할 길을 이 책이 알려 주고 있다고 확신했어요. 하지만 동시에 좌절감이 들기도 했어요.

'이런 통찰력이 드러나는 책을 나는 도저히 쓸 수 없을 것 같아…….'

많은 책을 읽다 보니 미야자키도 위안을 주는 이야기를 하고 싶다는 욕심이 생겼거든요. 다른 위대한 철학자들의 책을 읽을 때도 마찬가지였어요. 칸트, 헤겔, 마르크스, 사르트르……. 책장을 펼치기만 해도 슬슬 졸음이 몰려왔어요. 꼭 읽어야 할 책임을 알면서도 지루한 건 어쩔 수 없었어요. 미야자키는 좋은 책을 읽으며 의식을 깨지 못하는 자신이 내심 창피하기도 했어요.

그런데 이상하게도 어린이 문학을 읽을 때는 달랐어요. 미야자키는 영국 어린이 문학에 관심이 많았는데, 특히 로버트 웨스톨 Robert Westall의 작품을 읽을 때면 작가가 전하는 세상의 가치에 사로잡히듯 설득되었어요. 끔찍한 세상이지만 그래도 결국 살 만한 가치가 있다고 말이죠.

'나는 어린이 문학 쪽이 더 맞는 걸까? 내가 세상에 대해 진실하게 이야기할 수 있는 분야는 무엇일까?'

미야자키는 자신을 되돌아보았어요.

어린 시절을 선물할 거야

미야자키는 고민 끝에 학내 동아리 '어린이 문학 연구회'에 가입했어요. 어린이 문학에 관심이 있었다기보다 가쿠슈인 대학교에는 만화 동아리가 없었기 때문에 만화와 제일 가까운 동아리에 찾아간 거예요. 막상 가입한 어린이 문학 연구회는 제대로 활동을 하지 않고 있었고, 회원들도 그다지 열심히 책을 읽는 것 같지 않았어요.

결국 대학교 2학년이 되자 동아리에는 미야자키 혼자만 남았어요. 미야자키가 연구회를 떠나지 않은 이유는 무엇일까요? 동아리 방에 비치된 어린이 책을 계속 꾸준히 읽으면서 의미를 되새기다 보니 정말로 아이들을 위한 이야기를 만들고 싶다는 생각이 들었기 때문이에요.

'생각해 보면 나한테 어린 시절이 있기는 했을까? 동심이라는 걸 가져 보지 못한 것 같아.'

미야자키는 아이다운 시절이었다고 회상할 만한 제대로 된 어린 시절을 아이들에게 선물하고 싶었어요.

혼자서는 연구회를 꾸려 갈 수 없었기에 그는 신입 회원을 직접 모집하기 시작했어요. 정성이 통했는지 신입 회원이 꽤 모여들었어요. '어린이 문학'이 아니라 동요를 듣고 춤을 추는 '어린이 문화'에 관심이 많아 가입했다가 실망한 회원도 많았지만요.

연구회는 문예부 동아리 방을 빌려 운영했어요. 미야자키는 사토 선생님의 화실을 떠나 이 방을 본부 삼아 대학 생활을 했어요. 연구회 사람들은 사회에 대한 문제의식이나 가치관을 갖추어야 한다는 의지가 강했어요.

"어린이 문학이 독립된 어린이 상이나 사회와의 바람직한 관계 같은 확실한 주제를 담아내야 하지 않을까?"

가벼운 농담을 하며 떠들고 놀기도 했지만, 어린이 책의 미래에 관해 토론할 때는 이렇게 치열했답니다.

비슷하다는 평가는 못 참아

미야자키는 동아리 활동에 전념하면서 전공 강의도 그럭저럭 빠지지 않고 다녔어요. 하지만 학과 공부에 크게 뜻이 없었어요. 심오한 영화를 얼마나 이해하는지 자랑하기 위해 동아리 회원들과 일부러 어려운 영화를 보러 다니는 데 더 정성을 쏟았으니까요.

어느새 미야자키는 어른을 위한 소설은 더 읽지 않게 되었어요. 베스트셀러에도 관심이 없었고요. 대신 사회학이나 민속학, 식물학과 기술학에 관련된 책은 꾸준히 읽었어요.

"미야자키는 어디로 사라진 거야?"

미야자키는 친구들과 어울리다가 말도 없이 자리를 뜨는 일이 잦았어요.

"분명히 어디서 고고학이나 고대사의 수수께끼에 관련된 책에 빠져 있겠지."

친구들은 학교 도서관이나 주변 서점에서 정신없이 책을 읽고 있는 그를 발견하곤 했어요. 친구들은 그를 괴짜로 여겼어요.

"이야, 이런 노래가 다 있었어? 누가 불렀지?"

미야자키가 하는 이야기에 친구들은 깜짝 놀랐어요.

"미야자키, 어떻게 엘비스를 모를 수가 있어?"

당시에 엘비스 프레슬리Elvis Presley라는 미국 가수가 세계적으로 큰 인기를 끌고 있었는데, 미야자키는 그의 히트곡조차 몰랐던 거예요.

"라디오만 틀어도 하루에 몇 번씩은 엘비스 노래를 들을 수 있지 않아?"

미야자키는 할 수 없이 대답해야 했어요.

"난 방에 라디오가 없어."

미야자키의 자취방은 대학생이 사는 방이라고 보기 어려웠어요. 라디오, TV는 물론 변변한 살림살이도 없이 오로지 책과 미야자키가 그린 만화 원고만 덩그러니 놓여 있었지요. 원고는 갈수록 늘어났어요. 대학 생활이 익숙해지자 학교에서 돌아오는 대로 만화를 그려 댔기 때문이에요. 미야자키는 머릿속 이야기가 그림으로 술술 풀리는 재미를 다시 발견했어요.

'내가 읽었던 책 속 인물이나 사건처럼 나도 이야기를 꾸며 낼 수 있구나.'

줄거리가 완성된 만화는 대본으로 간략하게 정리해서 출판사에 가지고 갔어요.

"제가 그릴 만화인데, 대본과 그림이 괜찮으면 출판해 주시겠어요?"

미야자키는 어린 시절부터 공상해 오던 모험을 그린 만화를 출판사에 보여 주었어요.

미야자키, 상상을 현실로 만들어

"아, 이건 너무 거창한데요. 우리 출판사에서 출간하기는 어렵겠습니다."

미야자키의 자취방만큼이나 규모가 작은 출판사도 그의 원고를 거절했어요. 책상에는 거절당한 채 완성하지 못한 원고만 수북하게 쌓여 갔어요.

결국 미야자키는 만화가가 되는 꿈을 포기했어요. 자신이 하고 싶은 이야기가 아이들을 위한 만화가 되기에는 지나치게 진지하다는 점을 잘 알고 있었기 때문이에요. 《치폴리노의 모험》의 삽화처럼 찌그러지거나 부풀어 오른 형태로 대담하게 그리는 자신의 만화가 일반적인 기법과 동떨어져 보이기도 했고요. 1960년대 일본 만화 속 인물들은 큰 눈을 가진 귀여운 얼굴에 가느다랗고 밋밋한 몸을 하고 있었거든요.

무엇보다 데즈카 오사무手塚治蟲의 그림을 닮았다는 평까지 듣자 자존심이 확 상해 버린 미야자키는 그려 둔 원고를 전부 불태워 버렸어요. 사실 《철완 아톰》을 그린 데즈카는 미야자키가 좋아하는 만화가였어요. 《신 보물섬》을 보며 깜짝 놀라기도 했고, 《태평양 X포인트》도 초등학교 때 가장 재미있게 읽은 만화였죠.

하지만 미야자키에게 데즈카는 넘어야 할 산 같은 만화가였을 뿐, 그의 그림을 따라 그릴 시도 같은 건 하지 않았어요. 데즈카를 존경하는 만화가 지망생들이 만화를 배우려고 그가 설립한 애니메이션 제작 회사 무시蟲 프로덕션에 들어가기 위해 경쟁이 치열하다는 사실도 알고 있었지만, 미야자키에게는 남의 이야기일 뿐이었어요.

애니메이션 회사에 들어가다

대학 졸업을 앞둔 미야자키는 영화사에 취직하고 싶다는 바람이 있었어요. 소외된 사람들이 어떤 시련에도 끝까지 희망을 잃지 않는 찰리 채플린Charlie Chaplin의 영화 〈모던 타임스〉1936 같은 작품을 만들고 싶었어요. 〈모던 타임스〉는 배우의 목소리 대신 자막과 음악, 움직임으로 이야기를 전하는 무성영화예요. 특히 그는 채플린이 연기한 영화 속 인물을 좋아했어요. 시간과 함께 성장해 나가기 때문이에요. 하지만 그림 그리기나 만화를 아예 포기하기에는 여전히 미련이 남았어요.

'어떤 선택을 해야 가장 가치 있는 작품을 후회 없이 만들 수 있을까? 맞아, 〈백사전〉이 있었지!'

미야자키는 문득 애니메이션 〈백사전〉을 떠올렸어요. 캐릭터의 연기가 전달하는 감동, 가슴을 설레게 하는 이야기, 아름다운 영상이 새록새록 떠올랐어요.

'애니메이션을 만들어 보면 어떨까.'

그림, 어린이 문학, 수많은 책, 영화와 함께 대학 생활을 보낸 그는 이 모든 것을 종합한 분야인 애니메이션을 발견하고 기쁘기 그지없었어요. 이야기를 효과적으로 표현하는 수단이라고 생각했거든요.

'그래, 애니메이션을 만드는 직업을 가져 보자!'

1963년 졸업과 동시에 미야자키는 〈백사전〉을 만든 애니메이션 회사 도에이 동화에 들어갔어요. 도에이 동화는 1956년 일본에서 가장 먼저 애니메이션을 만들기 시작한 회사예요. 일반 영화의 흥행으로 벌어들인 수입으로 일본 최초의 극장용 장편 애니메이션 〈백사전〉을 제작했지요. 입사 후 간부가 미야자키에게 회사에 들어온 이유를 묻자 그는 당돌하게도 이렇게 대답했어요.

"미국 디즈니에 대항하는 일본 애니메이션을 만들기 위해서입니다!"

당시 도에이 동화는 특별한 제작 기술도 갖추지 못하고 있었는데 말이에요.

제2차 세계대전 패전까지
일본에는 무슨 일이 있었을까요?

일본은 세계 침략 전쟁에 뛰어들었던 제국주의 국가 가운데 유일한 아시아 국가예요. 제국주의는 산업 혁명을 거쳐 부유해진 서구 유럽의 국가가 상대적으로 약한 나라를 무력과 경제력으로 정복했던 19세기 후반에서 20세기 초반까지의 국가 정책이나 경향을 뜻해요. 제국주의 국가는 개발되지 않은 아시아, 아프리카 등을 식민지로 삼아 싼값에 원료를 구하고 노동력을 얻었어요.

1868년 메이지 정부 수립 후 일본은 천황을 국가 원수로 받들면서도 프랑스, 독일 같은 제국주의 국가로 성장해 나가기 위해 다른 나라와 적극적으로 전쟁을 벌였어요. 1905년 러시아와의 전쟁에서 승리하고, 1910년에 한일합병조약으로 기어이 우리나라를 식민지로 만든 일본은 승승장구했습니다.

그런데 1923년 9월 1일, 도쿄에서 가까운 바다에서 발생한 지진으로 무려 15만 명에 가까운 사망자가 발생했어요. 목조 건물이 밀집한 도심에 화재가 발생하면서 도쿄의 4분의 3이 잿더미가 되어 피해가 손쓸 수 없게 커졌어요. 마침 제1차 세계대전 이후 전 세계를 강타한 경제 공황을 겪고 있던 일본은 이 지진으로 위기에 몰렸지요. "아시아에서 가장 부유하고 강한 나라가 되겠다더니 도대체 이 상황이 되도록 무얼 하고 있었느냐"는 국민들의 원성이 자자했어요.

민심을 다스리기 위해 일본 정부는 거짓 희생양을 만들었어요. "조선인이 폭도로 변했다"는 유언비어를 퍼뜨려 정부에 대한 원망을 일본에 살고 있던 무고한 조선인에게 돌려 버렸지요. 결국 조선인 6,000명 남짓이 겁에 질린 어리석은 일본인에게 보복 살해되는 끔찍한 상황이 벌어졌어요.

일본이 국제 질서를 주도하는 강대국이 되어야 한다는 '대동아 공영'의 논리를 내세우며 일본의 만행은 이후에도 계속되었어요. 1932년에는 만주를 점령해 만주국을 세우고 중국을 침략했고, 1939년에 제2차 세계대전이 발발하자 전쟁을 일으킨 독일, 이탈리아와 군사 동맹을 맺어 동남아 지역과 오세아니아의 여러 섬을 점령했어요. 1941년에는 진주만의 미국 해군 기지를 공격했죠. 미국과 태평양의 영토를 두고 '태평양 전쟁'을 벌이려 한 거예요.

진주만 공습으로 예상치 못한 피해를 당한 미국은 바로 군대를 정비해 일본을 거세게 공격했어요. 잠자는 사자의 코털을 건드린 셈이지요. 일본보다 10배가 넘는 공격력을 가진 미국이 본격적으로 반격에 나섰어요. 일본 군대는 죽음으로 충성한다는 전통의 무사도 '사무라이 정신'으로 맞서 싸웠지만, 미국이 일본에 공중 폭격을 시작하자 더 버틸 재간이 없어졌어요. 1945년 3월 도쿄 대공습 때는 10만 명이 목숨을 잃고, 100만 명 이상이 집을 잃었지요.

이탈리아와 독일이 항복한 후에도 미국, 소련의 항복 요구에 응하지 않던 일본은 1945년 8월 히로시마, 나가사키가 원자폭탄으로 공격을 받자 결국 무조건 항복을 선언합니다. 우리나라도 일본의 패전과 동시에 8월 15일, 식민지 상태에서 벗어나 독립 국가를 이룰 수 있었어요.

2

Miyazaki Hayao

애니메이터가 되어서
다행이야

미야자키 씨,
이것 좀 그려 줘!

"꼭 하고 싶은 이야기를 만들자.

지나치게 과장된 표현은 피하자."

미야자키 하야오

신입 애니메이터 미야자키는 고분고분하지 않은 후배였어요. 선배들과 의
견이 다르면 거침없이 자기 생각을 밝혔고 그래서 의견 충돌이 자주 일어
났어요. 일은 힘들고 돈은 없고 애니메이션을 향한 열정이 시들해질 무렵,
사춘기 시절의 〈백사전〉처럼 눈을 번쩍 뜨게 하는 작품 〈눈의 여왕〉을 만
났지요. 그리고 평생 애니메이터의 길을 걷기로 다짐했어요.

도에이 동화에서의 출발

애니메이션 제작 스튜디오는 커다란 라이트 박스*가 올려져 있는 책상으로 빼곡합니다. 벽에는 애니메이터**가 그린 그림들이 이름표처럼 붙어 있지요. 한쪽에 세워져 있는 커다란 책장에는 소년 소녀 문고들이 빈틈없이 들어차 있고요. 책장 앞 책상에 앉아 일하는 여직원은 미야자키 제작팀이 나누는 끝없는 수다에 고개를 절레절레 젓습니다.

"미야, 이번 작품에 물난리가 나는 장면을 넣어 볼까? 나는 홍수를 동경했던 바보 같은 시절이 있었거든."

"파쿠, 나도 마찬가지야! 쏟아져 들어오는 물은 어떻게 표현하면 실감이 날까?"

사실 여직원은 '미야'로 불리는 미야자키를 상당히 귀찮게 여기고 있었어요. 어쩌다 책장의 책을 관리하는 일을 맡았는데 쉴 새 없이 그가 책을 빌려 갔기 때문이에요. 책을 후딱 다 읽고 나서는 잠시 낙서를 끄적거리는 듯하더니 다시 달려와 또 책을 빌려 가니 일하는 데 방해가 될 정도였어요.

---

* **라이트 박스(light box)** 필름을 불투명 유리 위에 놓고 관찰할 때 쓰는 상자 모양의 조명 기구예요.
** **애니메이터(animator)** 만화 영화를 그리거나 제작하는 사람을 뜻해요.

미야자키는 다른 직원들의 시선에는 아랑곳없이 전체 이야기를 그림으로 정리한 스토리보드를 세워 두고 제작팀과 둘러앉아 농담을 나누듯 토론에 열중했어요. 스토리보드는 주제와 소재, 캐릭터를 결정한 후 각본으로 정리한 결과물인 만큼 애니메이션 제작이 꽤 진행된 상태라고 할 수 있지요.

"자, 이제 자세한 부분을 계획해 보자. 미야가 이번에도 레이아웃*을 책임질 거지?"

"그럼! 오늘부터 컷을 나누고 장면, 구도, 캐릭터의 움직임, 대사를 조립해 나가야지."

"잠을 줄이더라도 가능하면 빨리 완성해 줬으면 좋겠어. 원화 작업을 당장 시작해야 하거든. 동화 작업팀이 일정을 잡아 놓고 보채고 있다고."**

애니메이션의 모양새가 갖춰질수록 제작팀은 힘을 더해 갑니다.

"이번 작품은 아이들이 보는 만화를 단순히 영상으로 옮긴 만화 영화로 생각하게 해서는 안 돼. 일반 영화를 뛰어넘는 애니메이션을 만들어 보자."

---

* **레이아웃(layout)** 애니메이션의 각 장면에서 인물과 배경, 소도구, 빛의 위치를 배열하는 작업이에요. 필요한 색깔을 표시하고 촬영 카메라의 위치와 각도, 움직임을 기획하지요.

** 애니메이션은 레이아웃을 완성한 뒤 촬영 전까지 주요 장면을 그리는 원화, 장면이 연결되도록 원화 사이에 동작을 그려 넣는 동화, 색깔을 칠하는 채색 작업을 거쳐요.

반대편에서는 스튜디오를 방문한 만화 잡지 편집장이 사람들과 회의를 하고 있었어요.

"우리 잡지에서 이 만화 연재를 시작할 겁니다. 벌써 반응이 대단한 작품이죠. 도에이에서 애니메이션으로 제작하지 않으시겠습니까?"

편집장의 머릿속은 일정을 짜느라 분주합니다. 프로덕션에서 제작을 하기로 결정하면 바로 TV 방송국 관계자와 만나 방영 날짜를 잡아야 하기 때문이에요.

제작을 할지 말지 고민하는 도에이 동화 사람들도 마음이 바쁘기는 마찬가지였어요. 흥행이 될 것 같은 작품은 제작을 결정하면 바로 광고 기획사와 출판사, 장난감 회사와 만나 함께 상품으로 만들어 나가야 하니까요. 아이들뿐만 아니라 성인까지 애니메이션을 보게 되면서 일본 안팎으로 거대한 시장이 생기기 시작하던 때였죠. 애니메이터 미야자키는 성장하는 일본 애니메이션 산업의 중심에서 활약하고 있었답니다.

계속 애니메이션을 만들어야 할까?

도에이 동화에서 일하면서 미야자키는 애니메이션이 힘든 공동 작업이라는 사실을 깨달았어요. 특히 그가 회사에 들어간 시기는 극장에 상영하는 장편보다 TV 시리즈 애니메이션을 더 많이 제작하던 때였어요. TV 시리즈는 극장용 작품보다 제작하는 시간이나 돈이 턱없이 부족했죠. 그래서 섬세한 표현은 처음부터 불가능했고, 스태프 역시 부족해 일이 끝이 없었어요.

'애니메이션 작업은 기대만큼 재미있지 않구나.'

실망한 미야자키는 고분고분 회사의 지시를 따르려 하지 않았어요.

"지금 제작 중인 작품은 저로서는 도저히 이해할 수가 없습니다!"

미야자키는 신입 애니메이터였지만 선배에게 항의하기를 주저하지 않았고 자주 의견 충돌이 일어났어요. 일이 밀려도 야근하는 동료들을 뒤로 한 채 오후 5시면 퇴근해 버렸죠. 사무실 책상 위에 발을 올리고 건방진 자세로 앉아 나이 많은 대선배를 일부러 화나게 하기도 했어요.

"미야자키, 자네는 애니메이터 일을 하고 싶긴 한 건가?"

선배들은 그에게 열정이 없다고 꾸짖었어요. 사실 미야자키도 〈백사전〉을 처음 봤을 때의 감동을 되살리려 애쓰면서 나름대로 열정을 찾으려 노력했어요. 하지만 그 감동은 이미 흐릿해진 지 오래였어요. 애니메이터가 되기로 결심하면서 내다보았던 애니메이션의 무궁무진한 잠재력도 시들하게 생각될 뿐이었어요.

'내가 정말 원하는 직업은 애니메이터가 아니라 만화가 아닐까?'

매일 출근 카드에 도장을 찍으면서도 미야자키는 다시 진로를 궁리하고 있었어요.

'이 회사에서 애니메이터로 일하면 과연 보람이 있을까? 이대로 계속 해야 하나?'

물론 미야자키만 이런 고민을 하는 것은 아니었어요. 그의 동료들도 모이기만 하면 불만을 털어놓았거든요.

"이제라도 정말 이 일을 그만둬야 할까? 더 좋은 직업은 없으려나?"

신입 애니메이터의 삶은 경제적으로 고달팠어요. 애니메이터로 성공할 수 있다는 전망도 불투명하고 돈까지 없으니 얼마나 힘들겠어요. 미야자키는 만 9,500엔약 20만 원을 월급으로 받으며, 도쿄 네리마練馬 구에 두 평이 조금 넘는 아파트를 월세 6,000엔약 6만 원에 빌려 살고 있었어요. 회사 밖에서는 35엔약 300원짜리 제일 싼 라면도 사 먹기 힘들어서 도에이 동화에 있는 사원 식당을 이용해 끼니를 해결했어요.

"어머니, 밥 좀 주세요. 제대로 된 식사를 하고 싶어요."

정 견디기 어려운 날은 가까이 사는 부모님 집에 가기도 했어요. 미야자키뿐만 아니라 다른 신입 애니메이터들도 고달프게 생활하고 있었어요.

"방세를 내고 나면 남는 돈이 없어. 언제까지 버틸 수 있을까? 굶어 죽지 않을 정도로 겨우 먹고살고 있으니……."

하지만 회사에는 미야자키의 재능을 눈여겨보는 선배들도 있었어요. 특히 신입 교육을 맡았던 키쿠치 사다오 선생은 미야자키의 실력을 대단하다고 여겼죠. 회사에 들어올 때 미야자키가 그린 시원시원한 그림부터 범상치 않았거든요.

"미야자키는 핀잔을 받을지언정 솔직한 성격이지. 집중력도 뛰어나고."

키쿠치 선생은 일단 일이 주어지면 열심히 하는 그의 태도도 마음에 들었어요. 무엇보다 그를 싫어하는 다른 선배들도 인정할 수밖에 없을 만큼 아이디어가 뛰어났어요.

"이렇게 구성력이 좋은 애니메이터는 정말 드물어. 미야자키는 반드시 성공할 거야."

하지만 미야자키는 키쿠치 선생이 불편해서 거리를 두었어요.

'왜 저렇게 말없이 쳐다보시지? 내가 건방지다고 생각하시는 건가?'

정작 미야자키는 애니메이터로서 자신의 재능을 확신하지 못하고 있었어요.

애니메이터로 살기로 하다!

미야자키는 도에이 동화에서 한동안 빈둥거리며 시간을 흘려보냈어요. 석고 데생을 끄적거리거나 스케치한다는 핑계로 동물원에 가서 놀면서 지냈지요. 동화 작업을 담당하고 있었지만 보람을 느끼기 어려웠어요. 도에이 동화의 노조가 주최한 시민 회관 상영회도 집과 가까우니 별생각 없이 참석한 것일 뿐이었어요.

그날 상영한 애니메이션은 당시 소련에서 만든 〈눈의 여왕〉1957이었어요. 한스 크리스티안 안데르센Hans Christian Andersen의 동화가 원작으로 레프 아타마노프Lev Atamanov가 감독한 작품이죠. 그런데 웬걸, 미야자키는 〈눈의 여왕〉에 완전히 반해 버렸답니다. 〈백사전〉 이후로 오랜만에 좋은 애니메이션이 지니는 힘을 경험했어요.

'어떻게 저런 표현이 가능할까? 그림의 움직임이 살아 있는 사람의 연기보다 더 마음을 움직이는구나.'

〈눈의 여왕〉에 등장하는 소녀 '겔다'의 동작은 발레에 가까웠어요. 등장인물의 성격을 행동이나 옷차림으로 나타내는 기술에도 무릎을 쳤지요.

'솔직하고 착한 아이라는 걸 저렇게 우는 장면으로 이해하게 하다니 정말 대단하다!'

미야자키는 그림을 움직이는 애니메이터라는 직업에 다시 애정이 생겨나기 시작했어요.

'애니메이터는 이런 일도 해낼 수 있구나. 나도 도전하면 할 수 있지 않을까? 이렇게 훌륭한 세계를 창조하는 작업이 애니메이션 이라니!'

애니메이션을 선택하기를 정말 잘했다는 뿌듯함이 몰려왔어요. 미야자키는 그날 이후 〈눈의 여왕〉의 녹음테이프를 구해 스튜디 오에 온종일 틀어 놓았답니다. 테이프가 늘어지도록 계속 듣다 보니 러시아어를 모르면서도 대사의 의미나 영상을 전부 떠올릴 수 있었어요. 한눈팔지 않고 애니메이션 작업에만 전념할 마음도 굳어 갔지요.

'언젠가는 〈눈의 여왕〉처럼 감동을 주는 애니메이션을 만들 기회가 꼭 올 거야.'

미야자키는 애니메이터로 살아갈 앞날을 다짐하며 자신이 추구해야 할 작업 방식을 결정했어요.

1. 꼭 하고 싶은 이야기를 만들자
2. 지나치게 과장된 표현은 피하자

미야자키는 이 다짐을 몇 번이나 되새기며 공책에 옮겨 두었답니다.

열심히 배우고 꿈꾸자

미야자키는 애니메이션의 기본적인 기술을 열심히 배웠어요. 선배들의 충고 한 마디 한 마디를 놓칠세라 귀 기울여 들으면서요.

"이 장면에는 달리기 동작이 들어가야 해. 사람이 달리는 동작, 걷는 동작은 표현하기가 특히 어려우니까 더 신경 쓰도록 해."

"네, 명심하겠습니다!"

미야자키는 원래 약점을 드러내기를 꺼리는 성격이에요. 역무원에게 출구를 묻거나 거리에서 두리번거리는 것조차 창피해 할 정도로요. 하지만 신입 애니메이터로서 배우고 일하는 그는 언제나 씩씩하고 힘이 넘쳤어요. 항상 주변을 관찰하고 그림 그리는 시간을 늘려 가며 점점 실력을 쌓아 갔어요. 꼼꼼한 성격이라 그림으로 표현하는 데 철저하기 이를 데 없었지요. 선배들이 제작한 애니메이션도 매섭게 비판하기 일쑤였어요.

"왜 〈개구쟁이 왕자의 오로치 퇴치〉1963에서 괴물 야마타노오로치의 몸통과 머리를 입체적으로 연결해 그리지 않으셨나요?"

선배들은 그의 당돌한 지적에 당황했어요.

"머리가 8개나 되는 괴물인데 제대로 그리면 징그럽지 않겠어? 그냥 연결 부분에서 갈라져 나오게 그리면 되는 거 아니야?"

하지만 미야자키는 끝까지 물고 늘어졌어요.

애니메이터가 되어서 다행이야

"그렇다고 어떻게 생겼는지 알 수 없을 정도로 그리고 말면 되나요?"

사실 그는 〈눈의 여왕〉 같은 작품을 만들 수 없을 것 같은 현실이 한심해서 눈물이 났어요.

'내가 헛된 꿈을 꾸는 건 아니겠지?'

평생 작업 친구들과의 만남

"미야자키는 천재다. 일반적으로 처음에는
막연한 이미지를 가지고
그것을 어떻게 구체화할지 고민하지만,
미야자키는 구체적인 게 먼저다.
그것을 쌓아 가면서 이미지를 만든다.
그래서 영상이 주는 설득력이 대단하다."

다카하타 이사오, 미야자키와 평생 함께한 감독

마음이 통하는 친구들과 믿음으로 평생 같이 일하게 된다면 얼마나 좋을
까요? 미야자키는 도에이 동화에서 행운처럼 이런 친구들을 만났어요. 세
상 누구보다 패기 넘치던 이들은 좋은 애니메이션을 만들기 위해 노력했
어요. 함께 영화를 만들며 실패에서 교훈을 찾고 같이 성장해 갔지요. 정
말 환상적인 친구들이죠?

선배가 다카하타예요?

미야자키는 애니메이터에 대한 대우나 회사의 제작 방식에 불만이 있었어요. 그래서 도에이 동화 노동조합에 들어갔지요. 노동조합은 일하는 환경을 더 좋게 바꾸기 위해 직원들이 만든 단체예요. 적극적으로 활동하면서 노동조합을 이끄는 서기장 역할까지 덥석 맡게 된 미야자키는 부위원장인 다카하타 이사오高畑勲와 자주 만났어요.

"다카하타 선배, 우리는 입사하면서 회사 간부들에게 열심히 일하겠다고 약속했잖아요? 그러니 그들에게 요구하기에 앞서 우리를 돌아봐야 할 것 같아요."

"미야도 나를 다른 사람들처럼 파쿠라고 부르지그래?"

다카하타는 회사에서 파쿠라는 별명으로 불렸어요. 매일 아침 아슬아슬하게 출근해서는 아침밥 대신 수돗물을 마시며 빵을 파쿠파쿠● 먹었기 때문이에요. 사람들은 길바닥이든 회사 복도든 아무 데나 드러누워 잠들어 있는 다카하타를 목격하기도 했어요. 사실 다카하타는 산만해 보이는 겉모습과 달리 일본 최고 대학인

● **파쿠파쿠(ぱくぱく)** 입을 계속 해서 크게 열고 닫는 모양을 나타내는 일본어예요. 우리 말로는 '뻐끔뻐끔'과 비슷한 의미랍니다.

도쿄 대학교에서 불문학을 전공했고, 치밀한 구성 능력으로 일찍부터 회사에서 인정받고 있었어요. 역사와 사회에 대해 늘 깊은 관심을 두고 공부하는 데다 음악에 대한 조예도 깊었죠.

"아니 이것도 몰라? 나는 제대로 배우려 하지 않는 사람을 도대체 이해하지 못하겠어!"

다카하타는 느긋하게 보이다가도 의외로 공격적이기도 했어요. 현실적인 미야자키는 자기와 정반대로 이상적인 다카하타가 마음에 들었어요. 게으른 성격마저 멋지게 보였어요. 다카하타도 미야자키를 만나기 전부터 그의 재능을 높게 평가하고 있었고요.

"〈걸리버의 우주여행〉1965 마지막 장면이 저 친구 덕분에 바뀌었다지?"

신입 사원인 미야자키의 아이디어가 벌써부터 도에이 동화의 애니메이션에 적극적으로 채택된다는 사실을 익히 알고 있었거든요.

노동조합 일로 어울리게 된 두 사람은 어느 날부터인가 애니메이션에 관해 이야기를 나누기 시작했어요. 만날 때마다 긴 토론을 했지요. 다카하타가 미야자키보다 6살이 더 많았지만 두 사람은 곧 친구가 되었어요.

"그렇다면 작품과 현실의 관계가 가장 중요하다고 생각해?"

"미야, 너는 애니메이션이 우리 사회의 현실을 보여 줘야 한다

애니메이터가 되어서 다행이야

고 생각하지 않아?"

"물론 나도 사람은 현실을 떠나서 살 수 없다고 생각해. 하지만 난 우리 삶의 뿌리가 되는 이야기에 더 관심이 있어. 자연 같은 것 말이야. 현실 너머의 환상을 보여 주는 것도 애니메이션의 역할이 아닐까?"

"애니메이션이라도 의미를 담고 있어야 해."

"파쿠, 물론 주제도 중요하지만 난 아이들이 좋은 시간을 보내는 작품을 만들 수 있다면 만족하겠어."

결국 비슷한 듯 다른 두 사람의 의견이 정확히 일치하는 부분은 좋은 작품을 만들자는 의지였어요.

"왜 우리 회사는 기술이 부족하더라도 〈눈의 여왕〉처럼 제대로 된 작품을 만들겠다는 각오조차 하지 않는 거지?"

당시 도에이 동화에서 만들던 〈멍멍 추신구라〉1963, 〈걸리버의 우주여행〉 같은 작품은 극장에서 상영하는 동안 아이들이 작품을 보기보다는 극장 안을 뛰어다니며 놀 만큼 형편없는 수준이었어요.

패기만큼은 세계 최고!

미야자키와 다카하타는 세계 최고의 애니메이션 회사인 디즈니를 무턱대고 부러워하거나 열등감을 품을 필요는 없다고 자신만만해 했어요.

"우리가 열심히 한다면 충분히 뛰어넘을 수 있는 상대야."

두 사람은 디즈니에서 만든 작품을 열심히 분석했어요.

"〈언덕의 풍차〉는 특히 그림이 좋지. 태풍을 만들어 내려고 배경의 작은 부분까지 묘사하고 있잖아?"

"뭐니 뭐니 해도 디즈니 최고의 작품은 〈백설공주〉야. 〈백설공주〉를 볼 때면 애니메이션으로 할 수 있는 모든 시도를 해 보겠다는 결의가 느껴질 정도야."

1960년대 중반 도에이 동화의 애니메이션은 미국의 디즈니뿐 아니라 〈눈의 여왕〉을 만든 소련의 애니메이션보다 기술적으로 한참 뒤쳐져 있었어요. 하지만 미야자키와 다카하타는 세상 그 누구보다 패기 넘치는 애니메이터였지요. 이러한 두 사람을 맹랑하다고 여기는 선배들이 많았어요. 하지만 대선배인 작화 감독 오쓰카 야스오大塚康生는 달랐답니다.

"미야자키와 다카하타는 재능이 뛰어나고 야망도 대단한 흔치 않은 인재들이야."

오쓰카는 두 사람을 특별히 아꼈어요. 작화 감독은 여러 애니메이터가 그린 그림들이 전체 이미지로 통일될 수 있게 관리하는 중요한 사람이에요. 그럼에도 오쓰카는 직위와 나이를 따지지 않고

애니메이터가 되어서 다행이야

미야자키와 다카하타의 대화에 뛰어들어 의견을 주고받았어요. 애니메이션의 미래를 열띠게 토론하면서 슬쩍 작업의 진정한 재미가 무엇인지도 가르쳐 주었지요. 미야자키와 다카하타는 오쓰카가 무척 고마웠어요. 급기야 오쓰카는 다카하타를 위해 회사와 맞서기도 했어요.

"다카하타에게 연출을 맡기지 않는다면 작화 감독을 하지 않겠습니다."

다카하타는 오쓰카의 지원 덕분에 극장용 애니메이션 〈태양의 왕자 홀스의 대모험〉1968의 감독을 맡았어요. 처음 연출을 맡게 된 다카하타는 이제까지 회사가 해 온 방식과 다르게 스태프를 모집했어요.

"신입도 좋습니다. 참신한 아이디어와 의견을 가진 사람이라면 누구나 우리 작품에 참여할 수 있습니다."

애니메이션이 극장에서 TV로 이동하던 시기여서 회사로서는 극장용 애니메이션이 성공할 수 있을지 걱정이 컸어요. 그래서 경력을 충분히 쌓은 사람들이 스태프로 참여하기를 바랐지만, 다카하타는 자신의 방식을 완강하게 고집했어요.

미야자키도 원화와 장면 설계를 담당하는 스태프로 참여했답니다. 도에이 동화에서 일한 지 처음으로 준비 단계부터 참여하는 주요 스태프가 된 거예요!

"잘해 보자. 이 작품을 제대로 만들어야 더 좋은 작품을 만들 또 다른 기회가 올 거야."

미야자키와 다카하타는 당시로써는 획기적인 이런저런 시도를 했어요.

"여주인공 힐다의 마음을 묘사하는 장면을 넣어 보면 어떨까?"

"아이누족의 일상생활을 실제와 가깝게 묘사해도 근사할 것 같 아."

미야자키는 〈태양의 왕자 홀스의 대모험〉를 만들면서 시나리오보다는 콘티*가 작품의 방향을 결정하는 가장 중요한 단계라고 생각하게 되었어요. 시나리오가 가장 중요하다고 보는 애니메이터가 대부분이었는데 말이에요. 이 작품 이후로 그는 시나리오 대신 아예 콘티를 각본으로 삼고 제일 많은 정성을 들였어요. 글이 아닌 그림으로 이야기를 구성하는 훈련을 한 셈이에요.

한결같이 응원해 주는 사람

미야자키와 다카하타는 회사뿐 아니라 서로의 집에서 번갈아 만나면서 작품을 의논했어요. 서로가 체험한 경험을 바탕으로 제

---

* **콘티** 콘티뉴이티(continuity)의 줄임말로, 촬영할 때 필요한 내용을 그림으로 그려 놓은 대본이에요.

애니메이터가 되어서 다행이야

작 공책 겸 시나리오를 쓰면서 작업을 진행해 갔지요. 편한 자세로 뒹굴 거리며 만들고 싶은 내용을 두서없이 이야기하다 보면 중요한 아이디어가 어느새 완성되어 있었어요. 두 애니메이터는 젊었고 자신만만했고 희망에 부풀어 있었어요.

"일본 만화 영화에 나오는 틀에 박힌 캐릭터가 아니라 진짜 인간을 그리자."

두 사람은 "이상적인 사회를 만들자"는 희망을 〈태양의 왕자 홀스의 대모험〉에 담아낼 수 있을 거라고 믿었어요. 미야자키는 이 작품의 군중 전투를 전에는 찾아보기 힘들 만큼 훌륭하게 표현해 냈답니다. 모든 힘을 쏟아 부은 성과였지만, 선배들은 그를 더욱 아니꼽게만 바라보았어요.

"저 친구는 신입 주제에 공격적이고 거만한 것 같아."

하지만 미야자키의 노력을 조용히 응원하는 선배도 많았어요. 작화를 담당하는 관록 있는 대선배 모리 야스지森康二도 그 가운데 한 명이었어요. 모리는 〈백사전〉의 원화를 그린 애니메이터인데, 미야자키의 범상치 않은 실력을 한눈에 알아보았지요. 그래서 항상 그를 도와주려 했어요. 1년 안에 만들기로 했던 〈태양의 왕자 홀스의 대모험〉은 기한을 넘겨 작업이 한없이 늘어졌어요. 제작팀 내부에서 불평이 터져 나올 때 모리만은 한결같이 미야자키와 다카하타를 지지해 주었어요.

"그래, 너희가 하고 싶은 대로 해 봐."

미야자키는 모리의 따뜻한 마음을 그림으로도 확인할 수 있었어요. 모리가 감정과 영혼을 불어넣어 그려 낸 힐다를 본 미야자키는 감동한 나머지 눈물을 펑펑 흘리고 말았어요. 이후 두 사람은 여러 작품을 함께했답니다.

시대를 너무 앞서 간 애니메이션?

정신없이 작업을 하는 와중에도 미야자키는 도에이 동화의 애니메이터 오타 아케미太田朱美와 달콤한 연애를 했어요. 그러다 24살 되던 해 가을에 결혼식을 올렸답니다. 미야자키보다 3살이 많은 오타는 직장에서 월급도 더 많이 받는 선배였죠. 미야자키는 도쿄 하가시무라야마東村山 시에서 오타와 신혼살림을 시작했어요.

그런데 첫 아들 미야자키 고로宮崎吾郎가 태어나고 나서도 〈태양의 왕자 홀스의 대모험〉은 완성될 기미가 보이지 않았어요. 정해진 제작 기간은 이미 한참이나 지났죠. 미야자키는 무척 초조했어요. 안절부절못하는 그를 다카하타는 장난스럽게 위로했어요.

"걱정하지 마. 우리는 인질이 있잖아. 작품 말이야. 회사는 제작하고 있는 작품을 절대 중간에 버리지 않아."

미야자키는 다카하타와 작업하는 방식이 서로 다르다는 사실을 깨달았어요. 미야자키가 정해진 시간에 맞추어 철두철미하게 작품을 제작해 완성하는 쪽이라면, 다카하타는 좀 더 긴 안목으로 작품을 설계하면서 여유를 부리는 편이었지요. 그래서 이후 미야자키는 다카하타와 달리 자신의 방식대로 가능하면 약속된 날짜를 지켜 작품을 만드는 것을 원칙으로 삼았습니다.

1968년 〈태양의 왕자 홀스의 대모험〉이 3년이라는 기나긴 제작 기간을 거쳐 드디어 개봉했어요. 아들 고로는 이미 돌이 지났고요. 회사에서 가진 시사회에서는 탄성이 터져 나왔어요.

"디즈니 만화처럼 화면이 아름답고 음악도 좋아요!"

미야자키와 다카하타는 호평을 들으며 그간의 고생을 잊을 수 있었어요. 하지만 극장을 찾은 관객의 반응은 정반대였어요. 다른 애니메이션과는 어딘가 다른 〈태양의 왕자 홀스의 대모험〉을 어려워했던 거예요.

"아이가 이해하기에는 내용이 복잡하지 않나요?"

"권력과 폭력에 대항한다는 주제도 너무 무거워요."

결국 〈태양의 왕자 홀스의 대모험〉은 흥행에 실패했어요. 제작 초기부터 말썽이 많았던 만큼 감독을 맡은 다카하타는 책임을 지고 연출 조수로 내려가는 수모를 당했어요. 미야자키의 활약도 인정받지 못했고요. 두 사람이 그토록 최선을 다했는데도 왜 이런 결과가 생긴 걸까요?

두 사람은 무척이나 실망했어요. 시간이 지날수록 〈태양의 왕자 홀스의 대모험〉이 높은 평가를 받게 될 거라는 사실을 이때는 알 턱이 없었으니까요. 오늘날 이 작품은 주제가 깊은 울림을 주고, 심리 묘사가 뛰어나며, 배경이 되는 시대를 자세히 묘사한 꼭 봐야 하는 애니메이션이 되었답니다. 나아가 몇십 년 후 미야자키가 만든 '스튜디오 지브리'에서 탄생한 작품들의 교과서가 되었다는 점에서 정말 중요한 애니메이션이에요. 시대를 너무 앞서 갔다는 점이 문제였지만요.

실패가 아니야

아내 오타는 미야자키에게 늘 힘이 되어 주었어요. 유명한 판화가 오타 고지의 딸인 그녀는 그림과 책에 관해 풍부한 지식을 가지고 있었어요. 미야자키는 아내와 책에 대해 많은 이야기를 나누었지요.

"《노르웨이의 농장》을 읽어 봐요. 어렸을 때 읽었는데 흥미로운 책이에요. 유럽과 일본의 차이를 알게 해 줘요."

미야자키는 다행히도 사랑하는 아내와 아들 곁에서 상심한 마음을 회복해 갔어요. 〈태양의 왕자 홀스의 대모험〉이 관객에게 외면받았음에도 불구하고 그는 이 작품을 통해 중요한 점을 깨달았어요.

'애니메이션 작업이 나와 참 잘 맞는 일이구나.'

미야자키가 처음부터 끝까지 경험한 애니메이션 작업은 하나의 세계를 만들고 그 세계 속에 기승전결이 잘 짜진 이야기로 애니메이터와 관객 모두를 즐겁게 해 주는 일이었어요. 또 이후 작품의 방향도 잡을 수 있었고요.

'일본 애니메이션의 미래는 미국과 다른 우리만의 특성을 어떻게 잘 살리느냐에 달렸어.'

교훈을 얻었다면 실패했다고 볼 수 없지요. 〈태양의 왕자 홀스의 대모험〉은 미야자키가 한 단계 더 뛰어오르는 계기가 되었답니다.

도에이 동화를 떠나

미야자키는 〈태양의 왕자 홀스의 대모험〉 이후 더 바쁘게 지내야 했어요. 둘째 아들 미야자키 게이스케宮崎敬介가 태어나 두 아들의 아빠가 되었거든요. 이듬해에는 사이타마 현 도코로자와所沢 시로 이사도 했고요. 회사에서 일을 꾸준히 맡아 하면서 그 와중에 '아키츠 사부로'라는 필명으로 〈소년 소녀 신문〉에 《사막의 백성》

이라는 만화를 연재했어요. 만화가가 되겠다는 꿈을 포기하지 못했던 거죠.

반면에 다카하타는 도에이 동화에서 계속 외면받으며 일을 쉬어야 했어요. 미야자키가 작화 의뢰가 들어올 때마다 항상 다카하타와 같이하게 해 달라고 제의했음에도 말이에요.

"다카하타? 그놈은 안돼. 건방진 데다 연출만 하려고 들어."

늘 거절이었어요.

'이대로는 도에이 동화에서 더 이상 일을 할 수 없겠어.'

다카하타의 실력을 믿는 미야자키는 회사에 실망했어요. 그런데 마침 'A프로덕션'이라는 애니메이션 회사로 옮긴 오쓰카에게 연락이 온 거예요.

"어이, 우리 회사에서 〈말괄량이 삐삐〉를 만들 계획인데 참여할래?"

두 사람은 솔깃할 수밖에 없었죠. 회사와의 문제도 문제지만 열렬한 팬인 아스트리드 린드그렌Astrid Lindgren의 《말괄량이 삐삐》라니요!

1971년 〈알리바바와 40마리의 도적〉의 원화 작업을 마지막으로 미야자키는 다카하타와 같이 도에이 동화를 떠났어요.

"고타베, 우리가 뭉치면 재미있을 거야!"

다카하타의 설득에 도에이 동화의 실력 있는 또 다른 애니메이터 고타베 요이치小田部羊一도 함께 A프로덕션으로 옮기게 되었어요. 세 사람이 회사를 나온 이후에도 도에이 동화는 우리나라에도 잘 알려진 〈마징가 Z〉1972, 〈바벨 2세〉1973, 〈은하철도 999〉1978, 〈드래곤 볼〉1986 시리즈 같은 흥행작을 계속 발표했어요. 하지만 미야자키가 참여한 작품에 녹아 있던 감수성은 더 이상 기대하기 어려웠지요.

TV 애니메이션으로
날아오르다

"영화를 본 아이가 집에 돌아와 넋을 놓고
한마디도 하지 못하는 애니메이션을 만들고 싶다.
너무 좋아서 아까운 나머지 다른 사람한테 말할 수도 없고,
그저 울고 싶어질 만큼 감정을 건드리는 작품 말이다."

미야자키 하야오, 인터뷰 중에서

TV 애니메이션은 극장 애니메이션보다 주어진 시간이나 비용이 충분하지
않았어요. 하지만 미야자키와 친구들은 TV용으로도 제대로 된 작품을 만
들겠다고 다짐했어요. 잠도 못 자고 과로에 시달리면서 작품에 대한 애정
으로 이를 악물고 버텼지요. 그 결과 미야자키는 감독으로 데뷔했고, 어느
정도 성공했답니다. 여러분도 쉽게 포기하지 않고 계속 노력하다 보면 좋
은 결과가 있을 거예요. 모두 힘을 내요!

애니메이터가 되어서 다행이야

판다 만화를 만들라고요?

A프로덕션으로 자리를 옮긴 미야자키는 애니메이션 〈말괄량이 삐삐〉를 만들기 위해 스웨덴을 방문했어요. 하지만 원작자 린드그렌은 《말괄량이 삐삐》를 애니메이션으로 제작하는 데 동의하지 않았어요. 결국 성과 없이 일본으로 돌아왔죠. 《말괄량이 삐삐》의 열렬한 팬으로서, 애니메이션 〈말괄량이 삐삐〉 제작팀의 관계자로서 미야자키는 이래저래 힘이 빠졌어요. 하지만 다시 마음을 다잡고 다카하타와 더 나은 작품을 고민하며 아이디어를 쉴 새 없이 교환했어요.

"일본 애니메이션은 아이들을 배려하지 않아. 우스꽝스러운 장면만 넣으면 그만이라고 생각하지."

"아이가 아니라 입장료를 내는 어른을 위주로 한 만화 영화는 만들지 말자."

해가 바뀌자 A프로덕션은 미야자키와 다카하타에게 새로운 작품을 주문했어요.

"판다가 주인공인 애니메이션은 뭐든 괜찮으니 아무거나 기획하라고."

요구도 황당했지만 심지어 이틀도 안 되는 시간을 주었어요. 그래도 두 사람은 밤을 새서 기획서를 완성했고 결국 기한 안에 제출했답니다. 그런데 회사에서 몇 달 동안이나 아무런 답을 주지 않았어요. 기약 없이 기다리는 것만큼 지치는 일이 또 어디 있을까요? 그러던 어느 날 라디오 뉴스가 귀에 꽂혔어요.

"중국에 사는 판다가 일본에 온다는 소식입니다."

미야자키는 뉴스를 듣자마자 회사에서 제작을 결정할 거라고 짐작했어요. 아니나 다를까 일본에 판다 붐이 불 것을 예상한 회사는 차일피일 미루고 있던 제작을 그날 당장 확정했어요. 미야자키와 다카하타는 회사에 먼저 조건을 걸었죠.

"대신 시나리오는 우리끼리 쓰도록 해 주십시오."

두 사람은 밤새 토론하면서 기획서의 아이디어를 구체적인 이야기로 발전시켰어요. 이야기를 쓰는 작업은 미야자키가 담당했어요. 평범한 여자아이에게 어느 날 갑자기 판다 부자가 찾아옵니다. 그리고 어떤 일이 벌어질까요? 미야자키는 신나게 시나리오 작업을 했어요. 다카하타도 연출 실력을 마음껏 발휘하며 두 사람은 서로를 더욱 믿게 되었답니다.

'내 글이 파쿠의 연출을 거치니 이렇게 멋지게 펼쳐지는구나!'

애니메이션 작업은 동료와 역할을 잘 나누어 협력할수록 좋은 결과가 나온다는 사실을 다시 한 번 배운 거예요.

우리가 그림 그리는 기계는 아니었나 봐

미야자키는 1973년에 다카하타, 고타베와 함께 A프로덕션에서 TV용 애니메이션 제작에 주력하는 즈이오 영상_{지금의 닛폰 애니메이션}으로 이직했어요. TV가 빠르게 보급되면서 제작해야 하는 애니메이션의 작품 수도 엄청나게 늘어나고 있었죠. 그래서 충분히 준비하지 못하고 바로 제작에 뛰어들어야 했어요.

미야자키는 극장용 애니메이션이 시간이나 비용을 더 투자할 수 있다는 점에서 언제나 마음이 더 끌렸지만, TV 애니메이션 제작도 기꺼이 맡았어요. 제대로 된 작품을 만들겠다고 벼르면서 말이에요.

〈알프스 소녀 하이디〉₁₉₇₄를 제작하기로 결정한 날, 미야자키는 고민에 빠졌어요.

'이미 너무 잘 알려진 이야기잖아. 신선하게 만들 수 있을까?'

원작《알프스 소녀 하이디》는 미야자키가 소년 시절 수도 없이 읽었던 책이에요. 제2차 세계대전의 역사를 아프게 되짚으며 전쟁을 하지 않는 중립국 스위스에 대해 동경을 품기도 했었죠. 하지만 이미 일본에서 너무 많이 알려져 애니메이션으로 다른 매력을 보여 줄 수 있을지 의구심이 들었어요.

같이 기획하던 〈플랜더스의 개〉₁₉₇₅도 마찬가지였어요. 슬프고 아름다운 이야기지만 애니메이션으로 어떻게 만들어야 할지 몰랐어요. 그래도 미야자키는 원작 소설을 애니메이션으로 소화해 내는 다카하타의 재능을 믿었어요.

"성의 없는 기존의 TV 애니메이션과는 다르게 만들어 보자."

"끝까지 포기하지 말자고!"

미야자키는 〈알프스 소녀 하이디〉의 장면 설계와 화면 구성을 맡았어요. 스위스에 직접 다녀온 뒤 허름한 건물의 스튜디오에서 열심히 일했지요. 총 52편의 에피소드를 제작해야 했어요.

"이 애니메이션은 만화가 아닌 영화로 만듭시다!"

많은 사람이 애니메이션은 과장되고 유치한, 움직이는 만화에 불과하다고 생각했지만 미야자키와 다카하타는 또 다른 뛰어난 영화가 될 수 있다는 꿈을 불태웠어요. 다른 스태프도 둘의 열의를 따라와 주었어요.

〈알프스 소녀 하이디〉 제작팀은 촉박한 일정과 빠듯한 예산 때문에 고생이 이만저만이 아니었어요. 심지어 이 시기에는 화장실에 화장지가 없어질 거라는 괴소문이 돌면서 극성스러운 사재기가 일어나 시중에 종이가 사라지는 소동이 벌어지기도 했어요. 미국 코미디언 자니 카슨Johnny Carson이 그가 진행하던 쇼에서 화장지가 슈퍼마켓에서 사라질 거라는 농담을 했던 것이 집단 히스테리 현상을 불렀고, 일본에도 영향을 미친 거예요. 그래서 그림 그릴 종이까지 떨어지는 통에 웃지 못할 상황이 발생했지요.

미야자키는 다른 스태프들과 함께 스튜디오에 있는 마루에서 자며 일했어요. 1년 내내 수면 부족과 과로에 시달렸지요. 오로지 방송을 보며 빛날 아이들의 눈을 떠올리며 힘든 작업 기간을 이를 악물고 버텨 나갔어요. 작품에 대한 애정이 깊었기에 가능한 일이었어요.

미야자키뿐 아니라 제작팀 전체가 〈알프스 소녀 하이디〉를 사랑했어요. 제작이 끝날 즈음, 하이디가 뛰어놀던 알프스 산은 단순한 배경 그림이 아니라 실제로 한참 머물며 지냈던 곳처럼 마음에 고스란히 남았어요.

"우리가 기계처럼 그림만 그리고 있었던 게 아니었나 봐요."

"내 마음속에 있는 세계를 지금은 이 정도밖에 그릴 수가 없어서 아쉬워요."

이런 노력은 TV 방영 후 상상을 초월하는 반응으로 보답 받았답니다. 아이들의 열광적인 호응이 있었거든요! 미야자키는 힘든 상황에서도 재미있는 작품을 만들 수 있어서 만족했어요. 그런데 〈알프스 소녀 하이디〉가 성공하자 〈플랜더스의 개〉, 〈엄마 찾아 삼만리〉1976 등 연이어 비슷한 TV 만화를 만들어야 했어요. 〈엄마 찾아 삼만리〉를 똑같이 열악한 조건에서 만들면서 미야자키는 본인의 기력이 다했다고 생각했어요.

처음으로 연출을 맡다

미야자키는 처음에 연출을 하겠다는 마음이 없었어요. 다카하타와 함께 작업하면서 무거운 짐을 한 몸에 짊어진 감독의 역할은 옆에서 보기에도 부담스럽다고 생각했으니까요.

"도대체 내가 왜 애니메이션 연출을 하게 돼서 이 고생이람!"

다카하타는 항상 이렇게 투덜댔어요. 미야자키도 내심 연출보다 콘티 작업이 편하다고 생각했어요. 그런데 〈알프스 소녀 하이디〉부터 〈엄마 찾아 삼만리〉까지 제작하면서 다카하타와 호흡이 맞지 않아 서운한 부분이 생기기 시작했어요. 화면 설정부터 의견이 어긋났지요. 연출은 다카하타가 맡았으니 레이아웃을 담당한 미야자키는 되도록 양보하며 일을 진행했는데, 스태프들도 다카하타의 연출에 아쉬운 마음을 토로하곤 했어요.

"다음에는 밝고 즐거운 걸 만들고 싶어요."

"맞아, 〈엄마 찾아 삼만리〉는 좋은 작품이라고 자부하지만 너무 무거워."

이때 마침 미야자키에게 연출 의뢰가 들어왔어요.

"자네는 만들고 싶은 작품이 아니면 애니메이션 제작에 참여하지 않는다고 했지? 그렇다면 NHK 방송국에서 준비하는 이 작품은 어떤가?"

알렉산더 케이Alexander Key의《멸망의 파도》라는 소설을 원작으로 하는 애니메이션 〈미래 소년 코난〉1978이었어요. 무엇을 위해 살아가야 하는지 알지 못한 채 떠도는 인물들을 다루는 작품이었죠. 미야자키는 많은 사람에게 "기운 내서 앞으로 나아가자"는 메시지를 보내고 싶었어요.

"맡겠습니다."

드디어 미야자키 스스로 애니메이션을 책임지는 순간이 온 거예요! 물론 그의 첫 연출작에는 다카하타와 오쓰카도 참여했어요. 최후의 전쟁이 끝난 뒤 파괴된 지구에서 주인공 코난과 라나의 모험이 펼쳐진다는 줄거리를 잡고 제작에 들어갔어요. 작업 과정은 결코 순탄하지 않았어요.

"정말 미안해. 애초의 구상에서 자꾸 이야기가 벗어나니 이번에도 다시 그려야겠어."

작업을 진행할수록 이야기의 허점을 발견한 미야자키는 콘티를 계속 다시 그려 전체 이야기를 뒤엎었어요. 그는 라나에게 이상할 만큼 집착했어요. 그러다 수중 탈출 장면을 그리고 나서야 그 이유를 깨달았어요. 15년 전 학생 때 그렸던 만화 스토리를 그대로 따라 그리고 있었던 거예요. 또 라나를 안고 비행선 위를 달리는 11살의 코난은 11살의 미야자키가 꿈꾸던 모습이기도 했어요. 어릴 때의 경험과 꿈을 바탕으로 작품을 만들고 있었던 거죠.

〈미래 소년 코난〉은 미야자키가 처음으로 연출한 애니메이션이에요.

코난이 가져다준 것들

작업 일정은 갈수록 늦어졌어요. 매사에 정확히 떨어지게 일하던 미야자키였기에 회사에 엄청난 손해를 입히고 있다는 생각에 마음이 괴로웠어요. 체력까지 떨어져 앞이 보이지 않을 만큼 지쳐 있을 때 도움을 준 사람은 바로 다카하타였어요.

"미야, 이 콘티 좀 봐 줘."

다카하타는 지쳐 있는 그에게 콘티 5개를 마무리하여 보여 주었어요. 미야자키에게 큰 힘이 되는 완성도 높은 콘티였어요. 또 총 26편 가운데 9화와 10화는 다카하타가 나서서 시나리오에 따라 만들어 주기도 했어요. 미야자키는 고맙다는 인사를 할 필요가 없었어요. 두 사람은 같은 목표를 향해 가는 동지였으니까요.

드디어 첫 시사회가 열리는 날, 미야자키는 크게 분노하고 말았어요. 라나가 못생겼다고 생각했기 때문이에요.

"라나는 미소녀여야 한단 말이에요!"

오랜 친구인 오쓰카가 그린 라나였지만 미야자키는 오쓰카가 질릴 만큼 그림에 간섭하기 시작했어요. 코난이 라나를 들어 올리는 장면에서도 오쓰카에게 혹독하게 잔소리를 퍼부었어요.

"명심해요! 라나는 새처럼 가벼워야 해요!"

미야자키가 이렇게까지 까다롭게 군 이유는 〈미래 소년 코난〉이 아이들에게 재미없다는 말을 들으면 어쩌나 겁이 났기 때문이에요.

'아이들이 외면하면 애니메이션 만들기를 아예 그만둬야겠지.'

첫 회가 방영되는 날, 미야자키는 두 아들의 반응부터 걱정되었어요. 가슴 두근거리며 귀가하는 그에게 두 아들이 바로 달려들었어요.

"아빠, 코난은 라나를 다시 만나게 되나요?"

미야자키의 두 아이는 코난의 가장 열렬한 팬이 되었어요. TV에서 〈미래 소년 코난〉을 보는 날이면 잔뜩 흥분했죠. 하지만 〈미래 소년 코난〉을 만들어 방영하는 와중에도 미야자키는 마무리를 어떻게 지어야 할지 결정하지 못했어요. 그런데 어느 날 〈미래 소년 코난〉을 보던 아이들이 그에게 물었어요.

"저 사람들은 어떤 사람들이에요?"

미야자키는 플라스칩 섬 주민들에 대해 구체적인 이야기를 끌어내지 못하고 있다는 사실을 깨달았어요. 아들의 질문에 대답하기 위해 원작에서 빠진 부분을 상상해 보충하니 많은 인물에게 골고루 생명력을 불어넣을 수 있었어요. 원작의 황량한 풍경 대신 모두가 푸른 하늘과 투명한 바다를 되찾았다는 내용으로 고치게 되었고요.

자연의 회복과 더불어 코난은 유쾌하게 살아가려고 노력하는 아이로 바뀌어 갔어요. 〈미래 소년 코난〉은 아이들에게 희망을 주는 건강한 모험 이야기가 되었어요. 처음 미야자키가 기획한 대로 세상에서 살아가는 데 무엇이 가장 중요한지를 느낄 수 있는 성장 이야기가 된 거예요. 그는 〈미래 소년 코난〉을 만들고 싶었던 대로 성공적으로 마쳤어요.

평균 시청률은 11~12%로 그다지 높은 편은 아니었어요. 당시는 〈우주 전함 야마토〉* 같은 심각한 애니메이션이 인기를 끌고 있었거든요. 하지만 오히려 방송이 끝난 이후 〈미래 소년 코난〉의 인기는 계속 올랐죠.

사람들은 '미야자키 하야오'라는 감독의 존재를 알게 되었어요. 미야자키는 연출력을 인정받아 기뻤고, 소망과 동경을 불러일으키는 애니메이션을 만들고 싶다는 꿈을 다시 한 번 굳혔어요. 코난이 성장하듯 애니메이터로서 자신 역시 성장해 나갔던 거예요. 그는 〈미래 소년 코난〉에 관해 이야기를 나누었던 잡지 인터뷰에서 앞으로 만들 작품에 대한 포부를 밝혔어요.

영화를 본 아이가 집에 돌아와 넋을 놓고 한마디도 하지 못하는

---

* 〈**우주 전함 야마토**〉 우리나라에서는 1981년 MBC에서 '우주 전함 V호'라는 제목으로 방영했어요.

애니메이션을 만들고 싶습니다. 너무 좋아서 아까운 나머지 다른
사람한테 말할 수도 없고, 그저 울고 싶어질 만큼 감정을 부르는
작품을 만들고 싶습니다.

우리는 친구잖아

미야자키는 〈미래 소년 코난〉을 만든 뒤 1979년에 텔레콤 애니
메이션 필름으로 다시 직장을 옮겼어요. 극장용 애니메이션 〈루
팡 3세: 카리오스트로의 성〉1979을 연출하기 위해서였죠. 물론 다
카하타, 고타베와 함께였고요.

늘 그렇듯 새 회사의 대우는 이전 회사와 크게 다를 바 없었어
요. 그런데 도에이 동화나 A프로덕션을 그만둘 때도 마찬가지였
지만, 그만둔 회사에서는 이익 때문에 회사를 떠났다고 그들을 비
난했어요. 그 모든 비난은 다카하타가 나서서 감수했어요.

"이번에도 다카하타가 꾄 거지?"

"미야자키와 고타베는 안 됐어. 다카하타를 혼자 둘 수 없어서
따라갔으니 말이야."

"다카하타는 이전 직장 동료를 길에서 만나도 인사 없이 지나친
다며?"

미야자키와 다카하타도 늘 사이가 좋은 것은 아니었어요. 작품

의 방향을 결정하면서 의견 충돌도 잦았고요. 하지만 어려운 시기에 서로 도와가며 더 나은 작품을 만들어 가는 관계가 되었어요. 미야자키는 항상 이렇게 말했죠.

"파쿠는 옆에만 있어도 안심이 되는 친구야."

두 아들을 위한 작품 만들기

미야자키가 애니메이션 감독으로 자리 잡는 동안 두 아들은 다행히 무엇이든지 스스로 잘하는 독립적인 아이로 성장했어요. 미야자키는 아무리 부엌이 엉망진창이 되어도 아이들이 식사 준비를 하도록 했어요.

"꼭 어른들만 식사를 만들어야 하는 건 아니야. 너희끼리 알아서 해 봐."

그는 아이들에게 공부하라고 강요하지도 않았어요. 가끔 질문을 던져보기는 했죠.

"1엔이 1,000개 모이면 얼마지?"

"음……."

아이들이 대답을 못 하고 머뭇거리면 미야자키는 그냥 웃어넘겼어요.

"하하하. 계산 잘하는 능력은 미야자키 혈통에는 없단다. 그래도 괜찮아."

아이들이 산수에서 형편없는 점수를 받아 왔다고 화를 낸들 도움이 되지 않는다는 사실을 잘 아니까요. 하지만 가끔은 속으로 부글부글 끓어오르곤 했어요. 미야자키는 아무리 노력해도 화가 나면 억누르기 어려운 성격이었어요. 당연히 아이들은 아빠가 분을 억지로 참는 것을 알아차렸지요.

"아빠는 입으로는 화내지 않아도 등으로 화내고 있어요!"

눈앞에 쌓이는 일감에 아버지 노릇을 어찌할까 고민하면서 미야자키는 애니메이터로서 노력을 아끼지 않는 아버지가 되겠다고 결심했어요. 최선을 다해 재미있는 작품으로 아이들에게 힘이 되어 주어야겠다고요.

'고로와 게이스케는 어떤 만화를 보고 싶어 할까?'

미야자키는 두 아들의 나이에 맞추어 만화를 그리려 노력했어요. 아이들이 중학교를 졸업할 때가 되자 그때는 이웃 아이를 자기 아이처럼 생각하며 애니메이션을 만들기로 다짐했지요. 두 아들에게서 출발한 사명감은 결국 아이들 모두가 보고 싶어 하는 작품이 무엇인지를 멈추지 않고 고민하고 또 고민하게 했어요.

당신을 존경합니다

미야자키는 지독하다는 평을 듣는 일 중독자였어요. 화면 구석 구석까지 신경 쓰고, 대충 느낌으로 그리는 것을 질색했어요. 집에 있을 때와 달리 회사에서 일할 때는 감정을 이기지 못하고 툭하면 소리를 질러대기 일쑤였고요. 스태프들은 그의 고함을 매일같이 들어야 했어요.

"오늘 하루만이라도 편하게 일합시다."

"꽤 괜찮은 결과가 나왔으니 일찍 퇴근합시다!"

스태프들이 수군수군 모의를 하려 들 때면 미야자키에게 불호령이 떨어졌어요. 한 작품이 끝나면 보통 반년은 쉬기 마련인데, 이제 인기 감독이 된 미야자키는 계속 일해야 했거든요. 애니메이션 제작에 주어지는 시간은 항상 부족했기 때문에 늘 재촉하고 온 힘을 기울여야 했어요. 모두가 하루 12시간 이상 일하는 강행군이 반복되었어요.

대신 미야자키는 애니메이션이 공동 작업이라는 믿음을 지키려 했어요. 같은 팀원을 아끼고, 힘든 작업을 하는 스태프들이 그만큼 권리를 누리도록 최대한 배려했어요. 습관적으로 일하고 있지 않나 싶으면 휴식해야 한다면서 사람들을 데리고 하이킹을 가거나 아예 도쿄를 떠나기도 했답니다.

"이봐, 우리 잠시 쉴 겸 시골에 다녀오자!"

스태프들은 미야자키의 진심을 알아주었어요. 다른 사람에게 미루지 않고 스스로 가장 힘든 일을 떠맡아 하는 그를 존경하기도 했지요. 또 그렇게 독하게 일해야 결과에 만족할 수 있다는 사실을 알고 미야자키를 잘 따랐어요.

미야자키는 애니메이션 작업을
어떻게 할까요?

애니메이션은 이야기를 만들어 움직이게 하고 카메라를 조정하며 목소리와 음향까지 넣어야 완성됩니다. 21세기에 들어 컴퓨터 기술이 발전하면서 애니메이션의 촬영 기법도 갈수록 다양해지고 있어요.

그런데 미야자키가 평생 고집한 '셀 애니메이션' 작업은 셀로판지 한 장에 그림을 그린 뒤 그 셀로판지 위에 다른 그림을 그린 셀로판지를 겹치는 과정을 거쳐요. 중심이 되는 그림이 '원화'이고 원화가 움직이도록 사이에 동작을 넣는 그림이 '동화'예요. 마지막으로 색을 칠한 후 따로 그려 둔 배경 위에 동작이 다른 캐릭터를 그린 셀을 차례로 올려놓고 카메라로 일일이 찍어 움직임을 만들어 내는 고된 작업이에요.

손이 많이 가는 작업인 만큼 많은 사람이 작업을 나누어 한답니다. 분량이 많은 작품은 인건비가 싼 외국에서 동화 작업을 맡아서 하기도 해요. 우리나라도 〈센과 치히로의 행방불명〉을 포함한 일본, 미국의 애니메이션 동화 작업을 많이 맡아서 했어요.

셀 애니메이션 외에도 많은 애니메이션 기법이 있지만, 일본이 선호하던 방식은 대량 생산이 가능하고 단순 명료하게 보이는 셀 애니메이션이었답니다. 디지털 채색으로 제작하는 방식이 일반화되기 전인 1990년대 후반까지 일본의 많은 작품이 셀 애니메이션이었어요.

하지만 일본 애니메이션의 제작 방식도 변화할 수밖에 없었어요. 미야자키도 1997년 〈모노노케 히메〉에서 3D 컴퓨터 그래픽computer graphics, CG을 몇몇 장면에 도입하는 등 디지털로 채색하기 시작했어요.

일본에서 가장 오래 방영된 TV 애니메이션 〈사자에 씨〉만이 유일하게 셀 애니메이션 제작 방식을 이어 오고 있었는데, 지상파 TV가 HD 방송으로 전환되면서 도저히 셀 애니메이션 방식을 이어 나갈 수 없었어요. 결국 〈사자에 씨〉도 2013년 10월부터 화질이 떨어지는 것처럼 보이는 셀 애니메이션 대신 완전한 디지털 채색으로 제작되었어요. 〈철완 아톰〉 이후 50년간 이어져 온 일본 TV 애니메이션의 셀 애니메이션 제작 방식은 이렇게 2013년을 마지막으로 완전히 종료됐어요.

Miyazaki Hayao

3

안녕하세요,
국민 감독 미야자키입니다

환경을
이야기해야 해요

"애니메이션은 어린이를 위한 황당무계한 오락으로 여겨지곤 했다.
하지만 〈바람 계곡의 나우시카〉는 애니메이션이
대중문화의 주요한 장르임을 보여 준 증거가 되었다."

사토 다다오, 일본 영화 평론가

인간과 자연은 공존하는 사이일까요, 대결하는 사이일까요? 미야자키는
자연의 생명력이 얼마나 위대한지 이야기하고 싶었어요. 이런 생각은 〈바
람 계곡의 나우시카〉에 고스란히 담겼답니다. 재미있으면서도 환경 문제
를 잘 담아냈다는 평을 들으면서 큰 화제를 일으켰지요.

'나우시카'라면 어떻게 했을까?

어느 날 미야자키는 사무실에서 아내의 전화를 받았어요.

"여보, 정원의 마른 나무에서 개미가 엄청나게 나와요. 이제 막 날아다니려고 해요. 이 나무를 태워야 하나 말아야 하나?"

"태우지 마요."

"하지만 우리 집까지 날아 들어와서 집이 무너질 만큼 갉아 먹을 걸요?"

그래도 미야자키는 단호하게 대답했어요.

"나는 집이 무너져도 괜찮아요."

미야자키는 정원의 나무와 관련된 문제로 아내와 자주 다투었어요.

"나무에 애벌레가 너무 붙어요. 잎을 더 갉아 먹기 전에 애벌레를 없애야 해요."

"나무도 지켜야 하지만 애벌레까지 죽일 필요는 없잖아요?"

과연 인간에게 좋은 것만 자연일까요? 미야자키는 인간 중심적인 사고방식에 늘 의문을 가졌어요. 사람들이 벌레를 좋아할 필요는 없어도 굳이 싫어하지 않기를 바라지요. 하지만 늦은 밤 귀가한 미야자키는 아내가 이미 태워 버린 나무를 목격하고 말았어요. 정원 가꾸기에 공들이는 아내는 정원과 집을 해치는 벌레라면 질색했기 때문이에요.

미야자키는 벌레를 더럽다거나 해롭다고 생각하지 않았어요. 약을 사다 집 근처 도랑의 모기떼를 퇴치하겠다는 아내를 진땀 흘리며 말리기도 여러 번이었어요. 하지만 상황에 따라서는 그도 어쩔 수 없을 때가 있었죠.

"이런 경우 나우시카라면 어떤 선택을 했을까요?"

아내는 종종 그가 만든 애니메이션 〈바람 계곡의 나우시카〉1984에 빗대어 이렇게 놀리곤 했어요. 독나방의 유충이 생겨 어쩔 수 없이 직접 태워 버리는 미야자키 옆에서 말이에요. 미야자키는 아내의 질문에 대답할 수 없었어요. 속으로 벌레의 명복을 빌 뿐이었죠. 그는 궁금했어요.

'곤충의 운명도 인간의 운명과 같지 않을까?'

인간의 눈으로 자연을 보지 않고 곤충이 되어 나뭇잎 위에 앉아 본다면 무엇이 보일까요? 또 자연과 더불어 우리가 어떤 식으로 건강하게 살 수 있을까요? 미야자키는 인간을 넘어 자연 속에서 세상을 바라보았어요.

자연과의 교감

일본의 미나마타 만은 수은으로 오염된 바다예요. 그래서 수은

중독으로 발생하는 병에 '미나마타'라는 이름이 붙었고, 이곳에서 하는 고기잡이도 중단되었어요. 그런데 몇 년이 지나자 죽음의 바다였던 미나마타 만에 물고기 떼가 몰려오고 바위에는 굴도 엄청나게 붙었답니다. 미야자키는 어릴 때 바늘이 꽂힌 채 상자에서 돌아다니던 장수풍뎅이가 떠오르면서 무척 감격했어요.

'자연의 생명력은 인간이 상상할 수 없을 만큼 정말 위대하구나!'

그는 나이를 먹을수록 자연은 보호해야 할 약한 존재가 아니라는 사실을 배웠어요. 자연은 사람이 완전하게 지배할 수 없는 강한 힘이 존재하는 세계라고요. 그렇다면 인간과 자연은 공존하는 사이일까요, 대결하는 사이일까요?

어느 날 오후 《그리스 신화 사전》을 읽던 미야자키는 오디세우스를 구해 준 나우시카라는 이름의 소녀와 만났어요.

'나우시카, 나우시카…….'

몇 번을 되뇌어 보던 미야자키는 문득 어린 시절에 읽었던 단편 소설 《벌레를 사랑하는 공주님》을 떠올렸어요.

'벌레를 사랑하는…… 나우시카? 행동하는 여성, 위대한 자연의 일부인 벌레, 인간과 자연의 대결과 공존. 이런 주제의 이야기는 어떨까?'

〈바람 계곡의 나우시카〉에 대한 구상은 이렇게 출발했어요. 때

맞추어 월간 만화 잡지 〈아니메쥬〉의 오가타 히데오 편집장이 연락을 해 왔어요.

"감독님, 작품 끝나고 쉬고 계시죠? 우리 잡지에 만화 연재를 해 주실 수 있나요?"

"전 발도 느리지만 손도 느린데 제가 만화 연재를 할 수 있을까요?"

휴가는 끝나 가고 회사에서 새 애니메이션 시리즈를 시작할 기미가 보이던 참이라 미야자키는 난처했어요. 하지만 돈키호테라는 별명을 가진 오가타 편집장은 호락호락하게 물러서지 않았어요.

"뭐든 괜찮으니, 또 한 달에 2쪽이라도 상관없으니 해 보세요. 다 같이 작업하는 애니메이션도 소중하지만, 미야자키 감독님 개인이 하고 싶은 이야기도 그려야 하지 않겠습니까?"

하고 싶은 대로 할 수 있다는 제안은 뿌리치기 힘들었어요.

"좋습니다. 애니메이션으로 표현할 수 없는 작품을 그려 보고 싶은 마음이 있었어요."

미야자키는 핵전쟁의 공포, 과학 만능주의에 대한 비판을 소녀 나우시카를 통해 전하고 싶었어요. 그는 여러 책을 뒤섞어 읽어 가며 머릿속을 맴돌던 나우시카의 이미지를 구체적인 이야기로 만들었어요. 미나마타 만은 유독 가스가 퍼져 나오는 곰팡이 숲 '부해腐海'로 작품 속에 설정되지요.

한 달에 일주일가량은 《바람 계곡의 나우시카》 이야기를 만드는 데 집중했어요. 오랜만에 종이에 만화를 그리는 일은 즐거웠어요. 새벽까지 만화 원고를 그려 마무리 짓고 인쇄소 마감까지 아슬아슬하게 넘기는 숨 가쁜 일정이었지만요.

사실 처음에는 완벽하게 마무리 짓겠다는 자신감으로 시작하지 않았어요. 애니메이션으로 만들 작정도 없었지요. 그런데 《바람 계곡의 나우시카》를 애니메이션으로 제작하는 것이 결정되었어요. 오가타 편집장이 아직 많이 알려지지 않은 이 작품을 애니메이션으로 만들자고 투자자를 만나 설득하고 다닌 덕분이에요. 편집장은 살짝 과장도 섞었어요.

"엄청나게 인기 있는 작품이에요!"

애니메이션을 염두에 두고 그리지 않았기 때문에 기획 단계에서 고민이 많았어요. 하지만 인간을 둘러싼 환경에 대해 함께 생각할 수 있는 애니메이션이라면 만들 가치가 있다고 생각했어요. 인간의 욕심이 파괴한 환경을 회복하려는 또 다른 인간들에 대한 이야기는 무거운 주제일지도 몰라요. 미야자키는 관객이 부담스러워 하는 대신 공감할 수 있도록 장면 장면을 감각적으로 표현하려 애썼어요. 자연과 인간이 갈등하고 화해하는 이야기에 설득력을 더하기 위해서였지요.

화면에 비치는 맑은 하늘, 예쁜 뭉게구름, 수려한 나무, 정답게

안녕하세요, 국민 감독 미야자키입니다

생긴 동물이나 벌레는 동화 삽화를 연상케 해요. 〈바람 계곡의 나우시카〉는 미세한 빛과 바람까지 그림에 담아냄으로써 '자연을 자연답게' 잘 보여 준 작품으로 완성되었어요.

〈바람 계곡의 나우시카〉를 발표하다

현상소에서 〈바람 계곡의 나우시카〉의 첫 시사회가 열렸습니다. 시사회에 함께한 사람들은 영화가 끝나도록 아무 반응을 보이지 않았어요. 참다못한 미야자키가 용기를 내어 물었어요.

"어땠어?"

"죄송해요, 감독님. 잘 모르겠어요."

진심을 다해 만들었지만 이 작품 역시 수많은 애니메이션 가운데 그저 한 작품으로 묻히게 되는 걸까요? 미야자키는 어떻게 운전하고 왔는지 모를 정도로 낙담한 채 귀가했어요.

하지만 〈바람 계곡의 나우시카〉는 개봉 후 91만 5,000명이라는 관객을 동원하며 안정된 흥행을 기록했어요. 같은 해 개봉한 애니메이션 〈도라에몽: 노비타의 마계 대모험〉1984을 본 관객 수에 뒤처지기는 했어도 이후 TV에 여러 차례 방영되면서 갈수록 높은 인기를 얻었어요. 환경 문제를 비롯한 현대사회의 문제점을 예리하게 짚어 낸 주제 의식, 그리고 이에 못지않은 오락성을 갖추어

파괴된 자연을 회복하려는 소녀 나우시카의 이야기
〈바람 계곡의 나우시카〉는 미야자키의 대표작이 되었어요.

사회적으로도 큰 화제를 일으켰지요. 신인 감독 미야자키는 좋은 작품을 만드는 감독으로 이름을 얻게 되었어요.

이 기세를 몰아 〈바람 계곡의 나우시카〉는 마이니치 영화 콩쿠르 오토상, 일본 애니메이션 페스티벌의 애니메이션 대상을 받고 파리 국제 SF&판타지 페스티벌에서 1위를 차지했어요.

일본 애니메이션을 수입하지 않던 당시 우리나라에서도 어렵게 구한 비디오테이프로 많은 사람이 보고 감동했답니다. 이후 온라인 통신 매체 PC 통신이 대중화되자 시나리오를 구해 읽을 정도였어요.

만화 《바람 계곡의 나우시카》는 애니메이션이 발표된 지 한참 후까지 〈아니메쥬〉에 연재하다가 햇수로 12년을 채우고 마무리되었어요. 애니메이션과 달리 잡지에 연재한 만화는 미야자키의 팬들도 이해하기 어려운 작품이었어요. 미야자키는 처음부터 심술궂은 생각을 했는지도 몰라요.

"애초에 읽기 어렵게 그리자고 작정했습니다. 메밀국수를 먹으면서 읽어도 이해할 수 있는 만화를 굳이 직업 만화가가 아닌 내가 그릴 필요는 없는 거죠."

평범한 미야자키 아저씨

애니메이션 감독이 아닌 미야자키는 그저 평범한 아저씨였어요. 담배와 안경이 함께 굴러다니고 빈자리 없이 쌓여 있는 잡다한 책들로 가득한 집 안의 아침. 아이들이 일어나는 시간에 늘 집에 없는 아빠였던 그는 여유가 생길 때면 드라이 카레를 만들었어요. 드라이 카레는 카레 가루, 고기, 채소 등을 함께 볶은 것에 밥을 섞어 다시 볶는 일본 요리랍니다.

"우리 놀러 갔다 오자! 다들 모여!"

작품이 끝나고 어렵게 시간이 생겼을 때는 조카들까지 모두 데리고 놀이동산에 놀러 갔어요. 아이들을 차에 태워 신나게 달리기도 하고요.

일이 잘 풀리지 않을 때는 차에 아무 짐이나 대충 던져 넣고 장인어른이 20여 년 전에 세운 신슈信州에 있는 오두막으로 훌쩍 떠나 혼자 지내다 오곤 했어요. 흑백 TV만 있을 뿐 전화도 라디오도 없는 작고 조용한 오두막. 미야자키는 느릿느릿 산책을 나섭니다. 밭길을 따라 걷다 보면 도시에서 지친 마음이 활기와 평화로 채워졌어요. 만화책을 쌓아 놓고 읽으면서 휴식을 누린 미야자키는 다음 작품에 대한 영감까지 얻어 돌아갔답니다.

꿈의 공장,
스튜디오 지브리

"아이들이 기뻐하기 시작하면 어른들도 확실히 기뻐져요.

기쁨은 전염되는 건가 봅니다."

와세다 대학교 교수 다카하시 준이치, 미야자키와의 대담 중에서

스튜디오 지브리의 시작은 거창하지 않았어요. 미야자키는 그저 가난한 애니메이터들이 더 좋은 조건에서 일할 수 있게 해 주고 싶었어요. 개성과 창의성을 맘껏 발휘하도록 말이에요. 그래서 한 출판 기업과 뜻을 모아 애니메이션을 만드는 제작사를 세운 거예요. 훗날 스튜디오 지브리는 엄청나게 큰 성공을 거두며, 전 세계 사람들이 기억하는 유명한 제작사가 된답니다.

일본 애니메이션의 미래

〈바람 계곡의 나우시카〉의 성공에도 불구하고 미야자키는 몸담고 있는 회사에서 자신만의 뚜렷한 색깔을 드러내기 어렵다는 사실을 깨달았어요.

'아예 우리가 애니메이터의 개성과 자유로운 제작 환경을 보장하는 제작사를 만드는 건 어떨까?'

1985년 미야자키와 다카하타는 〈아니메쥬〉를 발행하는 출판 기업 도쿠마쇼텐德間書店과 손을 잡았어요. 도쿠마쇼텐의 프로듀서•스즈키 토시오鈴木敏夫와 뜻을 모아 꿈의 제작사를 만든 거예요! '리비아 사막에 부는 바람'을 뜻하는 동시에 제2차 세계대전 당시 이탈리아 비행기이기도 한 기브리GHIBLI의 일본식 발음으로 이름을 지었어요.

스튜디오 지브리. 시작은 소박했어요. 자금이 넉넉하지 못해 도쿄 기치조지吉祥寺의 빌딩 한 층을 빌려 꼭 필요한 만큼의 적은 인원으로 운영했죠. 앞으로 만들 작품이 〈바람 계곡의 나우시카〉만큼 흥행하지 못할 수도 있다는 위험을 한쪽 어깨에 짊어진 채 애니메

• **프로듀서(producer)** 영화를 촬영하지는 않지만, 영화의 기획부터 극장 배급까지 모든 과정을 책임지는 사람이에요.

안녕하세요, 국민 감독 미야자키입니다

이터들이 좋은 환경에서 일하도록 지원을 아끼지 않을 것을 다짐했어요. 마야자키는 일본 애니메이션의 미래는 애니메이터가 더 나은 조건에서 일할 수 있어야 보장된다고 믿었어요.

"애니메이터로 일하는 젊은 친구들의 특징은 선량함과 가난입니다. 월수입 10만 엔약 100만 원을 밑도는 애니메이터가 여전히 많고, 국민연금이나 건강보험에도 가입하지 못하고 있습니다. 좋아해서 시작해도 오래 일할 수 없는 까닭이 여기에 있지요."

스튜디오 지브리는 설립 후 첫 작품으로 〈천공의 성 라퓨타〉1986를 선보였어요. 영국 웨일스 지방의 투쟁을 다룬 《우리 아버지인 대지》를 읽고 감명받은 미야자키가 《걸리버 여행기》의 제3장 '공중을 떠다니는 섬 이야기'를 응용하여 만든 작품이에요.

미야자키는 호주 여행 때 보았던 파로넬라 파크의 폭포를 일찌감치 배경으로 정하고, 영국도 답사했어요. 2주간 영국 웨일스 지방을 샅샅이 돌아다녔지요. 그 결과 〈천공의 섬 라퓨타〉는 영국 탄광촌의 경관을 잘 표현한 현실적인 배경과 어우러지는 묘한 판타지를 선보였어요. 극장을 찾은 관객 수는 많지 않았지만, 흥미진진한 모험에 가슴 저린 서정성이 더해져 바로 명작의 반열에 올랐죠.

"라퓨타 현상이라고 들어 보셨습니까?"

スタジオジブリ作品
STUDIO GHIBLI

스튜디오 지브리의 로고. 〈이웃집 토토로〉에 등장하는 캐릭터 토토로가 디자인되어 있어요.

뉴스에서는 '라퓨타 현상'을 보도하기도 했어요. 〈천공의 섬 라퓨타〉를 본 사람들이 문득 무언가 떠 있을 것 같아 왠지 모르게 자꾸 하늘을 쳐다보게 되는 현상이에요.

"구름 위의 세계에 대해 놀라운 상상력을 지닌 감독!"

미야자키의 연출 실력은 다시 호평을 받았고, 스튜디오 지브리는 다음 작품도 기대 속에 준비할 수 있었어요.

미야자키가 바라는 세상

'아이들은 시선을 두는 곳이 어른과 확실히 다르구나.'

미야자키는 눈앞에 보이는 것에만 집중하는 아이들을 걱정하는 어른이었어요. 성장할수록 안목이 점차 넓어지면서 여러 가지를 알게 되고 스스로 판단할 수 있는 세계를 이루지만, 어린아이는 눈앞의 것에만 정신을 빼앗기기 마련이니까요.

'아이들이 애니메이션을 선택해서 볼 수는 없겠지? 주어지는 대로 받아들이니 말이야.'

아이들을 위해 최선을 다해 애니메이션을 만드는 미야자키였지만, 그는 아이들이 애니메이션을 보기보다는 자연을 경험하기를 바랐어요.

또 아이들의 얼굴을 볼 때마다 '또다시 일본이 전쟁을 한다 하더라도 절대로 이 아이들이 싸우도록 내버려 두지 않겠다'고 다짐했어요. 자신의 두 아들만이 아니라 세상 모든 아이에게 말이지요. 애니메이터를 넘어 책임감 있는 한 어른으로서 세계를 바라보게 된 거예요. 차라리 가난한 나라가 될지언정 전쟁은 다시는 일어나면 안 된다는 것이 그의 생각이었어요.

전쟁 걱정 없이 자연 속에서 아이들이 뛰어노는 곳, 이것이 미야자키가 바라는 세상이에요.

그리워하는 것을 그리다 보면

미야자키는 〈천공의 성 라퓨타〉의 다음 작품을 위해 굳이 외국으로 출장을 떠나고 싶지 않았어요. 유럽을 배경으로 그리는 데 예전처럼 흥미가 생기지 않았거든요.

'왜 우리가 살고 있는 곳을 배경으로 한 애니메이션을 만들지 않을까?'

미야자키는 도쿄 교외에 있는 도코로자와所澤의 차밭에 집을 짓고 조용히 살고 있었어요. 아이들이 집 앞에 있는 숲에서 장수풍뎅이를 잡을 수 있는 전원 마을이었죠. 어느 날부터였을까요. 오랫동안 잊고 있던 것들에 대한 그리움이 몰려오기 시작했어요.

'바람이 부는 걸 공기 방울이 부딪친다고 말하던 어린 게이스케,

중학생이 되고 첫 시험을 준비한다며 밤 공부를 시작한 아들을 몰래 지켜보며 마음이 참 복잡했는데…….'

아이들의 천진난만한 표현, 행복한 어린 시절이 이제 끝나나 싶어 슬퍼졌어요. 사랑하는 두 아들에게서 되돌아보았던 그 순간들은 과연 어떤 의미였을까요?

'어린 날 내가 동경했던 것들이야.'

미야자키는 어린 시절 경험하고 꿈꾸던 것을 작품으로 만들어 보자고 생각했어요. 세이세키사쿠라가오카聖蹟桜ヶ丘의 닛폰 애니메이션 주변이나 미야자키가 어렸을 때 보고 자란 칸다 강 유역, 가족과 살고 있는 도코로자와의 경치를 고루 섞었지요.

이렇게 〈이웃집 토토로〉1988는 잊어버렸다고 여겼던 기억을 더듬어 그가 성장한 1950년대의 일본을 배경으로 만들었어요. 농촌으로 이사 온 아이들과 녹나무 정령의 우정을 따뜻하게 그려 낸 장면들은 어릴 적 있었을 법한 기억을 동원했어요. 어머니가 입원해 있을 때 학교에서 돌아와 텅 빈 집 안에서 느끼는 아이들의 외로움도, 공기 방울이 부딪혀 오는 순간의 짜릿한 감각도 모두 미야자키의 기억에서 비롯되었죠. 아이들의 눈에만 보이는 정령 토토로는 미야자키가 갖지 못했다고 여겼던 동심에 대한 미련인지도 몰라요.

〈이웃집 토토로〉는 판타지이면서도 미야자키의 작품 가운데 일본의 문화와 자연이 가장 사실적으로 반영된 애니메이션이에요. 영화를 기획하고 제작하는 과정이 꿈과 추억이 함께하는 시간이었던 만큼 그는 이 작품을 만들며 행복했답니다.

기쁨은 전염된다

"하필 만화 영화를 보러 가는 아이들을 통솔해야 한다니……."

4살짜리 딸아이를 둔 와세다 대학교의 다카하시 준이치 교수는 투덜거릴 수밖에 없었어요. 쉬는 날 딸의 놀이방에 선생님을 도우러 갔다가 3살부터 6살까지 50명 정도 되는 아이들을 인솔하고 극장에 가는 처지가 되었으니까요.

심지어 오늘 보게 될 〈이웃집 토토로〉는 흥행 성적도 신통치 않은 영화여서 얼른 끝나기만을 바라며 아이들과 좌석에 앉았어요. 그런데 영화가 시작되자 아이들은 어른의 통제가 필요 없을 만큼 화면에 빨려들 듯 집중했어요. 버스 정류장이 나오는 장면에서는 반응이 가히 열광적이었지요.

"우와! 우와!"

고양이 버스가 등장하자 아이들의 심장은 터질 듯했어요. 외국 고양이가 아닌 이웃집 고양이의 얼굴로 버스가 이빨을 드러내고 웃습니다. 고양이 버스가 속도를 내며 달리자 어른인 다카하시도

〈이웃집 토토로〉. 영화를 보러 온 아이들은 고양이 버스가 등장하는 장면에 열광했어요.

덩달아 흥분했어요.

다카하시에게 일본은 다양성이 사라져 중심이 없는 나라가 되어 버렸지만, 가장 일본다운 풍경을 담고 있는 화면의 중심에는 커다란 녹나무가 자리 잡고 있었어요. 나무가 쑥쑥 올라가는 장면에서 다카하시는 생명에 대해 아이들이 공감한다는 사실을 실감했어요.

다카하시는 1995년에 〈이웃집 토토로〉의 성공으로 전 세계에 이름을 알리게 된 미야자키와 대담을 할 기회가 있었어요. 〈이웃집 토토로〉는 극장 개봉이 끝난 다음 해 TV에서 방영되면서 뒤늦게 얻은 인기가 식을 줄 모르고 계속 올라가고 있었어요. 다카하시는 극장에서 아이들과 함께 영화를 보면서 얼마나 즐거워했는지를 전했지요.

"아이들이 기뻐하기 시작하면 어른도 확실히 기뻐져요. 기쁨은 전염되는 건가 봅니다."

토토로 숲으로 오세요

"아이를 많이 낳으세요."

미야자키는 결혼식에 초대받으면 축하와 함께 이렇게 덕담을 한답니다. 미래를 희망차게 살기 위해 아이를 많이 낳아야 한다면

안녕하세요, 국민 감독 미야자키입니다

서요. 희망이란 불확실한 미래 속에서도 소중한 사람들과 함께 살아가는 것이 아닐까 생각했거든요. 또 주변 사람들에게는 이렇게 충고했어요.

"아이가 세 살이 될 때까지 TV를 보여 주지 않는 게 좋아요."

그래서 미야자키가 좋아하지 않는 인사는 이런 것이지요.

"네 살짜리 우리 아이가 감독님의 애니메이션을 무척 좋아해요. 30번이든 40번이든 비디오를 틀어 주면 그동안은 얌전히 보고 있어요."

미야자키는 현실과 TV 속의 일을 구별하지 못하는 아이들에게 실제로 경험할 기회를 먼저 주어야 한다고 믿어요. 특별한 때에만 보는 즐거움과 반복해서 보는 자극은 전혀 다르다고 생각하죠.

"〈이웃집 토토로〉 속 자연이 참 예쁘네요."

대신 이런 칭찬은 아무리 들어도 질리지 않습니다. 아이들이 〈이웃집 토토로〉를 보고 문득 풀숲을 달리거나 도토리를 주우면 얼마나 좋을까 기대하지요. '자연은 나에게 많은 것을 베푸는구나'라고 깨닫기를 바라면서 말이죠.

미야자키의 진심이 통해서일까요. 사야마狹山 언덕의 숲을 지키기 위한 운동이 '토토로 숲 운동'으로 불리기 시작하면서 많은 사람의 호응을 얻었어요. 결국 도코로자와 시 당국이 사야마 언덕 주변의 땅을 사서 상당한 면적의 숲을 보존했죠. 이제 '토토로 숲'

으로 불리는 사야마 언덕에서 청소에 자원한 사람들은 깜짝 놀라곤 해요. 조용조용히 마른 잎을 쓸고, 작은 대나무를 자르며, 착실하게 반나절을 함께 청소하는 미야자키를 만날 수 있기 때문이에요.

안녕하세요, 국민 감독 미야자키입니다

내가 그려야 할 세계는 무엇일까?

"우리는 가장 열심히 일했다.
그저 일만 열심히 한 것이 아니라 의미가 있는 작품,
가치 있는 작품을 만들자고 명확히 정한 다음 작업했다."

미야자키 하야오, 만화 잡지 〈아니메쥬〉 인터뷰 중에서

스튜디오 지브리는 발표하는 영화마다 많은 관객의 사랑을 받으며 승승장구했어요. 재미뿐만 아니라 작품성도 인정받았죠. 영화계에서 큰 영향력을 지닌 제작사로 거듭났음은 물론이고요. 계속되는 성공에도 불구하고 미야자키는 고민하기 시작했어요. 나는 어떤 세계를 그려야 할까?

애니메이터들을 위한 위로

예전에 미야자키는 〈말괄량이 삐삐〉를 만들기 위해 스웨덴을 방문했던 적이 있어요. 그런데 제작이 흐지부지 취소되면서 스웨덴에서 머물렀던 시간도 흩어져 사라진 것 같았어요. 스웨덴의 숲이 기대만큼 예쁘지 않아 실망스럽기도 했고요. 하지만 스톡홀름 시청의 시계탑이나 유네스코 세계문화유산으로 등록된 중세 도시 비스뷔의 고풍스러운 모습이 문득 떠오르곤 했어요. 〈마녀 배달부 키키〉1989는 결국 오래전의 스웨덴 답사를 재활용한 셈이에요. 마녀 수업을 떠나며 빗자루를 타고 날아다니는 키키에게 펼쳐진 세상은 스웨덴의 숲과 도시, 마을이었으니까요.

이 작품을 만든 진짜 이유는 하늘을 나는 힘밖에 지니지 못한 열세 살 마녀 키키가 애니메이터와 같다고 여겼기 때문이에요. 동료 애니메이터들은 작업이 끝나고 술을 마시면서 한탄하곤 했어요.

"나, 이 일 확 그만둬 버릴까 싶어."

"고향으로 그냥 돌아갈까 봐."

작업량이 엄청난 데 비해 대우가 형편없는 직업이 애니메이터거든요. 출중한 그림 실력이나 이야기 구성 능력이 있더라도 개인의 역량을 드러내기 어려운 직업이라 더 힘들지도 몰라요. 미야자키는 주변 사람의 도움을 받으며 바라는 대로 행복해지려고 노력

안녕하세요, 국민 감독 미야자키입니다

〈마녀 배달부 키키〉의 배경이 된 스웨덴 풍경

〈마녀 배달부 키키〉는 오래전의 스웨덴 답사를 재활용했어요.

하는 키키의 이야기를 그리면서 고단한 동료들에게 힘을 주고 싶었어요.

〈마녀 배달부 키키〉는 극장에서 개봉하자 흥행 1위를 차지하며 스튜디오 지브리의 이름도 드높였어요. 미야자키의 희망대로 안정된 제작 환경을 다지는 기반이 되었지요. 그는 함께 고생한 애니메이터들에게 최대한 보상을 돌렸어요. 대우가 더 안 좋은 여성 애니메이터에게 성공의 결실이 돌아갈 수 있도록 특별히 신경 썼고요. 회사가 성공하면 반드시 이루리라 다짐했던 미야자키 자신과의 약속이었죠.

달라도 너무 달라!

다음 작품은 만화가 원작이었어요.

"이건 파쿠만이 애니메이션으로 만들 수 있어."

책장을 덮으면서 미야자키는 바로 결정했어요.

"다카하타 감독이 또 스케줄을 맞추지 못하면 어쩌죠?"

미야자키와 다카하타는 이미 많은 작품을 함께 만들어 왔음에도 스태프들은 걱정이 많았어요. 다카하타는 자신이 기획한 작품이라도 성질을 버럭 내며 동료를 힘들게 하곤 했으니까요. 이야기와 크게 상관없는 사회 문제를 넣으려 작품을 엉뚱한 방향으로 구상하면서 일정이 한없이 늘어졌어요.

하지만 한 직장 여성이 추억을 되새기며 농촌에서 사랑을 이어 가는 〈추억은 방울방울〉1991은 쉽고 단순한 이야기였어요. 미야자키는 다카하타의 능력을 믿고 일을 추진했어요. 그런데 이번에도 다카하타는 일본의 농촌 문제를 작품에 반영하려 이야기를 복잡하게 만들기 시작했어요. 애니메이션의 재미를 살리기보다는 원작에 숨은 사회적 의미를 살피는 데 힘쓴 거예요. 최대한 밝은 작품으로 만들고 싶었던 미야자키는 다카하타와 말씨름을 벌여야 했어요.

"난 이런 작품은 못 해!"

다카하타의 고함이 하루에도 몇 번이나 스튜디오에 울렸어요. 결국 작업 진도가 나가지 못해 시사회까지 모두 취소되고 말았지요. 다카하타는 나중에 이때를 이렇게 회상했어요.

"미야자키와 나의 차이를 이 작품을 하며 확실히 알았습니다."

2년 만에 완성한 〈추억은 방울방울〉은 막상 개봉하자 많은 관객의 가슴에 스미는 수작으로 호평을 받았어요. 〈추억은 방울방울〉까지 연이어 성공하며 스튜디오 지브리는 영화계에서 엄청난 영향력을 가진 제작사로 거듭났답니다.

미야자키 감독의 성공 비결?

사람들은 미야자키가 아이들에 대한 관심을 놓지 않아서 좋은 애니메이션을 만들었다고 생각해요. 실제로 그는 아이들과 어울려 놀기를 좋아하고, 어린이 문학이나 만화 잡지 같은 어린이 책도 늘 열심히 읽었어요.

아내는 두 아들을 위해 어린이 잡지 〈어린이의 벗〉을 구독했는데, 정작 가장 열렬한 독자는 아이들이 아니라 미야자키였답니다. 스튜디오에도 비치해 놓고 기회가 될 때마다 친구나 스태프에게 보여 주기까지 했으니까요. 좋은 그림이 있으면 그림 연습을 하기도 하고, 마음에 드는 작품은 애니메이션으로 만들 수 있을지 상의했어요.

그렇다고 단순히 아이들만 염두에 두고 작품을 만들지는 않았어요. 어른도 아이의 마음을 느꼈으면 했죠. 폭넓게 공감하는 작품이 되도록 신중하게 일했고, 충동적으로 떠오른 발상은 따르지 않았어요. 오래 생각하고 고민해 한 장면씩 한 사건씩 만들어 나갔어요.

"미야자키 감독의 방식은 다른 스튜디오와 어떻게 다른가요?"

1991년 미야자키는 성공 비결을 묻는 〈아니메쥬〉와의 인터뷰에서 간단명료하게 대답했어요.

안녕하세요, 국민 감독 미야자키입니다

우리는 가장 열심히 일했습니다. 그냥 일만 열심히 한 게 아니라, 만들고 싶은 것을 명확히 결정하고 일했어요. 의미 있는 작품, 만들 가치가 있는 작품을 확실하게 정했습니다.

그리고 여기에 덧붙였지요.

물론 여러 행운이 따르기도 했어요. 시대와 잘 맞았다고 할까요.

꿈의 공간

애니메이터가 더 나은 작업 환경에서 일할 수 있게 하는 것은 미야자키의 오랜 꿈이었어요.

"지금 기치조지에 있는 스튜디오는 너무 좁지 않아?"

스튜디오 지브리는 새로운 작업 공간이 필요했어요.

"늘 스태프를 나눠야 하잖아. 외부 인력까지 총 100명 정도 함께 일해야 하는데 한군데 모여 의사소통할 수는 없을까?"

"여자 화장실도 너무 좁아요."

"몸이 불편할 때 쉴 방도 만들어 주세요."

직원들도 다투어 새 스튜디오에 대한 의견을 냈어요.

"기치조지는 땅값도 비싸고 최근에는 건축비도 비싸져서 은행에서 돈을 많이 빌려야 할 텐데 부담되지 않을까?"

스튜디오 지브리 경영진은 오랜 고민 끝에 새로운 스튜디오를 건설하기로 했어요.

"좋은 스튜디오를 만든다고 좋은 작품이 나오는 건 아니지 않습니까?"

이런 농담 같은 질문에 미야자키는 단호하게 대답했어요.

"그저 여태껏 일해 온 환경이 너무 안 좋았을 뿐입니다. 저는 이러한 환경을 바로잡고 싶습니다."

미야자키는 작업 환경이 좋은 스튜디오를 다음 세대를 위해서라도 남겨 놓고 싶었어요. 그는 새 건물의 건축 설계도 직접 했답니다. 직원이 모이기 쉽도록 건물 중앙에 휴게실을 만들고, 나선형 계단을 둥글게 설계했어요. 주차 공간 대신 가능하면 나무를 많이 심었어요. 자전거를 보관할 수 있도록 지붕이 있는 보관소도 만들었고요. 자전거 보관소에는 화장실이 있어요. 지진 같은 재난 상황에 시민에게 제공하는 피난소가 될 수 있도록 말이죠.

"무엇보다 스튜디오를 세운 덕분에 주변이 조금 더 깨끗하게 되면 좋겠어."

이렇게 1992년에 완성된 지브리 스튜디오가 현재 히가시코가네이東小金井에 있는 건물이에요.

나 자신을 위한 영화가 필요해

미야자키는 전쟁에 관심이 많아 다양한 책을 읽었어요. 결혼하고 나서도 잠자리에서 항상 군용기를 모아 놓은 책을 너덜거리도록 읽을 정도였어요.

"미야자키 감독님, 혹시 전쟁을 좋아하시는 거 아니에요?"

이렇게 묻는 사람들이 있을 정도였죠. 그러면 미야자키는 성질을 내곤 했어요.

"에이즈 연구자가 에이즈를 좋아한다고 생각해요?"

그는 전쟁에 대한 반감은 심했지만, 군용기를 포함한 비행기에 대한 애정을 접지 못했어요. '포커 슈퍼 유니버설'이라는 6인용 비행기로 교토와 오사카 사이를 비행했던 기분도 잊을 수 없었어요. 덜컹거리는 기계 소리는 시끄럽고 배기가스와 엔진 오일이 얼굴과 옷에 스며들어 끈적끈적하기 이를 데 없었지만, 기대만큼 감동적이었어요.

〈붉은 돼지〉1992는 미야자키의 이러한 성향을 따라 만들었어요. 마흔 살이 넘어가며 아저씨가 되었다고 실감한 그는 자신을 위한 영화가 필요했어요. 미야자키는 그저 "피곤해서 뇌세포가 두부가 된 중년 남자들을 위한 영화"라고 소개하고 말았지만요.

〈붉은 돼지〉는 미야자키의 애니메이션 가운데 처음으로 유럽에

〈붉은 돼지〉는 비행기를 좋아하는 미야자키 자신을 위해 만든 영화예요.

진출한 작품이에요. 프랑스의 유명한 만화 작가 뫼비우스Mœbius는
〈붉은 돼지〉의 배경 묘사를 보고 크게 감탄했어요. 또다시 일본
최고의 흥행 기록을 세웠고, 1993년에는 프랑스의 권위 있는 애
니메이션 영화제 앙시 페스티벌에서 대상을 받았어요.

하지만 미야자키는 〈붉은 돼지〉를 "만들지 말았어야 할 작품"이
라고 반성했어요. 늘 스태프에게 아이들을 위한 영화를 만들라고
말해 왔으면서 결국 자신을 위해 만들었기 때문이에요.

애니메이션 10년, 다음 작품은?

처음으로 컴퓨터 그래픽 기술을 사용해 제작한 〈헤이세이 너구
리 대 전쟁〉1994도 흥행의 기세를 이어 갔어요. 애니메이션 최초로
아카데미상 외국어 영화상 부문에 출품되기도 했고요. 애니메이
션으로는 대단히 드문 경우였어요. 스튜디오 지브리의 행보에 세
계의 관심이 쏠릴 수밖에 없었죠. 미야자키도 그만큼 작품 선택에
신중해야 했어요.

"〈이웃집 토토로 2〉를 만들면 흥행이 잘되지 않을까요?"

쉽게 돈을 벌 수 있는 제안이 들어와도 그는 선뜻 결정을 내리
지 않았어요. 고심 끝에 미야자키는 결심합니다.

'10년을 애니메이션으로 먹고살 수 있었으니 이제 받은 만큼 돌

려주어야 하지 않을까?'

발표하는 영화마다 계속 인기를 얻어 스튜디오 지브리가 절정기를 누리게 된 만큼, 흥행을 고려하지 않고 세상과 인간에 대한 바른 가치를 이야기하는 작품을 만들겠다고요.

미야자키는 〈인디애나 존스〉 같은 할리우드 영화에서 아시아인이나 아프리카인이 죽는데 백인 편에서 기뻐하는 일본인을 보며 회의에 빠져 있었어요.

'우리에게 진정한 긍지란 무엇일까?'

또 외국을 배경으로 한 작품은 일본인이라서 답사와 공부만으로 정확히 그릴 수 없다는 사실도 뼈저리게 깨달았죠. 뿌리를 찾는 작품을 만들어야 할 시기가 된 거예요.

'내가 그려야 할 세계는 어디일까?'

미야자키는 해답을 찾기 위해 일본인으로서 자신을 먼저 돌아보았어요. 평생을 일본인이라는 사실을 부끄러워하며 살아온 그였는데 말이에요. 미야자키는 일본이라는 땅의 지난 시간 속에서 인간과 자연의 근원을 탐구하며 답을 찾아보자고 생각했어요.

영혼의 파트너,
음악 감독 히사이시 조는 누구일까요?

1983년부터 미야자키의 애니메이션은 히사이시 조久石讓의 음악과 만나게 되었어요. 미야자키가 다카하타의 추천으로 〈바람 계곡의 나우시카〉 작업에 히사이시를 참여시켰거든요. 구니타치 음악 대학을 졸업한 히사이시는 독특하면서도 아름다운 음악으로 호평을 받으며 서서히 알려지고 있던 젊은 작곡가였어요.

히사이시는 〈바람 계곡의 나우시카〉의 음악 감독을 맡으면서 미야자키가 조금이라도 불만족스러우면 다시는 작업을 부탁하지 않을 만큼 고집 센 감독이라는 사실을 금세 파악했어요. 미야자키는 그가 작곡한 음악을 들으며 크게 감동했던 터라 당시 유명한 작곡가가 아니었던 히사이시와 계속 작업하기를 희망했어요.

이후 미야자키는 〈천공의 성 라퓨타〉, 〈마녀 배달부 키키〉, 〈붉은 돼지〉, 〈모노노케 히메〉, 〈하울의 움직이는 성〉에 이어 〈바람이 분다〉까지 모두 히사이시에게 음악을 부탁했지요. 그 결과 〈모노노케 히메〉로 베니스 영화제 최우수 영화음악상을 수상하는 등 히사이시의 음악은 미야자키가 만든 애니메이션이 세계적인 명성을 얻는 데 중요한 역할을 했답니다.

이런 인연에도 히사이시는 작품을 할 때마다 "미야자키에게 오케이 사인이 떨어지지 않을까 두려워하며 절박한 심정으로 일했다"고 고백했어요. 무엇보다

"창작자로서 인간으로서 미야자키를 존경하기 때문"이라고요. 히사이시는 이미지를 보고 난 후에야 작곡을 시작할 수 있고, 나쁜 영화에는 결코 좋은 음악이 나올 수 없다는 견해를 밝히기도 했죠.

미야자키는 히사이시에게 구체적으로 주문하는 편이에요. 영화의 주제를 드러내는 데 음악이 이바지하는 역할을 잘 알기 때문이지요. "〈이웃집 토토로〉에는 쾌활하고 단순한 음악, 흥얼거리며 마음에 울려 퍼지는 음악 두 가지가 필요하다"고 하면서 "애니메이션 주제가는 아이들이 힘껏 목소리를 높여 부를 수 있는 노래여야 한다"고 강조하는 식이에요. 미야자키는 히사이시에게 작품과 관련된 이미지뿐 아니라 줄거리에 대한 메모까지 틈틈이 보내며 음악 작업을 지원했어요.

30년 동안 이어진 미야자키와 히사이시의 공동 작업을 응원해 온 오랜 팬들은 히사이시의 딸 마이麻衣의 성장을 지켜보는 즐거움도 있었어요. 〈바람 계곡의 나우시카〉에서 나우시카의 어린 시절 회상 장면에 들어간 레퀴엠을 허밍으로 불렀던 4살의 마이는 〈벼랑 위의 포뇨〉에서도 여전히 투명하고 맑은 가성으로 노래했지요.

히사이시는 전 세계 영화 팬들에게 엔니오 모리코네Ennio Morricone의 뒤를 잇는 최고의 영화 음악 감독으로 인정받았어요. 일본을 대표하는 거장으로 자리 잡았고요. 우리나라에서도 영화 〈웰컴 투 동막골〉2004이나 드라마 〈태왕사신기〉2007의 음악을 맡아, 그의 아름다운 선율을 사랑하는 우리나라 영화 음악 팬들을 기쁘게 하기도 했답니다.

안녕하세요, 국민 감독 미야자키입니다

전 세계가
사랑하는 거장

자연에 대한
예의

"계속 실패하는 인생일지라도
어쨌거나 살아가지 않으면 안 되겠군요.
미야자키 감독님, 고맙습니다."

어느 관객, 〈모노노케 히메〉를 보고 보내온 편지 중에서

자연에 대해 예의를 갖춘다는 것은 무슨 뜻일까요? 인간의 생명도, 우리에
게 중요한 많은 것들도 다 자연에서 나왔으므로 자연을 해치지 말고 보존
해야 한다는 의미예요. 이런 생각으로 시작한 〈모노노케 히메〉는 3년 동
안 지브리의 모든 것을 쏟아 부은 엄청난 대작이었어요. 결과는요? 영화를
보러 온 사람이 너무 많아 질서를 잡기 위해 경찰이 동원될 정도였어요!

곰팡이가 핀 것 같은 도쿄

미야자키는 평화로운 시간을 보내고 있었어요. 집 근처 강변에 떨어진 비닐을 줍거나 눈이 거의 보이지 않는 열여섯 살 먹은 늙은 개와 매일 산책을 했어요. 비행선을 다시 탈 기회도 가졌죠. 그런데 2시간 동안 상공 300m에서 내려다본 도쿄는 상상과 달랐어요.

"맙소사, 도쿄가 꼭 곰팡이가 핀 것처럼 보여."

지평선에 끝없이 못생긴 집들만 가득 펼쳐져 있었어요. 눈이 닿는 땅끝까지 온통 건물이었어요. 녹색 자연이라고는 보이지 않았죠. 일상에서 무심하게 보던 자연을 다른 시선으로 바라보며 생태계에 관해 이야기해야겠다는 생각이 다시 들었어요. 자연에 대한 예의라고 생각했지요.

'젊은 친구들이 지구의 변화를 생각하며 세계를 보는 데 보탬이 되는 작품을 만들어야 할 텐데.'

미야자키는 숲의 신을 살해하는 전설을 다룬 희곡 《길가메시》를 기억해 냈어요. 작가 우메하라 다케시가 미야자키에게 몇 년 전 편지를 보내기도 했었죠.

안녕하세요, 미야자키 감독님. 제 작품 《길가메시》를 데즈카 감독이 애니메이션으로 만들고 싶다고 부탁해 허락한 적이 있습니다. 하지만 그 작업을 하는 과정에서 데즈카 감독이 돌아가셨어요. 저는 그 후 누군가 이 작품을 애니메이션으로 만들어 주었으면 하는 바람을 떨칠 수가 없었습니다. 여러 사람과 상담해 봤는데 데즈카 감독의 뒤를 이을 사람은 미야자키 감독님밖에 없다고 하더군요. 미야자키 감독님, 제 작품을 애니메이션으로 만들어 주시겠습니까?

미야자키는 《길가메시》를 구해 읽어 봤어요. 하지만 그 당시에는 크게 마음이 움직이지 않았죠. 그래서 우메하라에게 정중하게 거절의 답장을 보냈어요.

죄송합니다. 저는 이 희곡으로 애니메이션을 만들 수 없을 것 같습니다.

하지만 숲의 신을 살해한다는 전설은 인상 깊어서 잊히지 않았어요. 자연과 함께 미야자키가 살고 있는 땅의 역사와 과거를 제대로 보여 줘야 한다는 고민을 하는 과정에서 원시 자연을 상징하는 숲의 신을 다시 생각하게 된 거죠.

'〈바람 계곡의 나우시카〉의 뿌리 찾기가 되겠구나. 그래, 철기

문화가 시작된 5세기 일본을 배경으로 자연을 사이에 두고 신과 인간이 벌이는 갈등과 싸움, 화해를 그려 보자.'

내가 발 디딘 곳에서 발견하는 이야기

둘째 아들 게이스케는 깊은 산 속에 들어가면 무서워하며 이렇게 말하곤 했어요.

"아빠, 여기 무언가가 있는 거 같아요. 새도 아니고 동물도 아니고 나무도 아닌 다른 무엇인가요."

어른인 미야자키도 과학적으로 설명할 수는 없지만 어떤 힘이 숲에 서려 있다는 느낌을 받았어요. 이렇게 숲이 뿜어내는 오싹한 기운에서 구상을 발전시켜 새 작품을 준비해 나갔어요. 과연 자연의 기운이었을까요, 신의 힘이었을까요?

'악한 신과 선한 신이 따로 있는 게 아니라 하나의 신이 어떤 때는 난폭해지고, 어떤 때는 온화해지는 게 아닐까.'

미야자키는 스튜디오 지브리가 자연을 위한 작품을 만든다는 딱지가 붙어 버려 부담스럽다고 말하곤 했지만, 그래도 우리에게 소중한 것들은 다 자연에서 나왔고 자연과 인간의 관계가 그리 단순하지 않다는 사실을 이야기하고 싶었어요. 〈모노노케 히메〉1997는 인간만 나쁜 것이 아니라 자연도 때로는 인간에게 무서운 적이 될 수 있다는 사실을 보여 주지요. 자연과 인간의 처절하고 잔인한 전투 장면도 등장하고요.

하지만 무엇보다 아이들이 자연을 이해하기를 바랐어요. 숲의 나라 일본의 자연을 강조하여 최대한 실감 나게 표현할 것을 목표로 했어요. 작품의 배경을 만들기 위해 스태프들과 휴가를 즐겼던 규슈 가고시마 현의 야쿠시마屋久島로 답사도 다녀왔고요.

"와, 우리가 보기 훨씬 전부터 숲은 이곳을 지키고 있었군요!"

나무나 산을 좋아하지 않는 스태프들까지 탄복했던 원시림을 잊지 않았던 거예요. 인간을 포함한 모든 생명을 낳은 자연을 우러러 볼 수밖에 없었어요. 미야자키는 오래전 농민과 무사의 모습은 어땠을까 상상하면서 이야기를 시작했어요.

주인공 '아시타카'가 속한 부족 에미시蝦夷의 풍속은 재현을 충실히 하려고 고증 작업을 철저히 하면서 잘 모르는 부분은 공상으로 메웠어요. 에미시 부족은 고대부터 혼슈 섬 지역에 살면서 다른 민족으로 취급받던 소수 민족이에요. 아이누로 불리기도 하는데, "남녀 모두 머리를 틀어 올리고, 몸에 문신을 새긴 용감한 사람들"이라는 기록이 남아 있어요.

'댐이 없고 숲이 울창하고 인구가 아주 적은 시대에 논밭은 어땠을까? 길은 어땠을까? 맑은 물줄기에 좁은 흙길, 많은 새와 짐승, 벌레를 그리자. 그렇다면 일본의 자연에 맞는 색은 무엇일까?'

'애니메이션이라는 걸 잊을 만큼 사실적으로 그리자.'

미야자키는 〈모노노케 히메〉를 만화를 접하지 않고 살아온 시골 할아버지도 충분히 이해할 수 있게 만들고 싶었어요. 그래서 보편적이고 깊이 있는 인물을 만드는 데 공을 들였어요. 단순한 애니메이션이 아니라 시간과 공간을 초월하는 영상물을 만들자고 다짐한 거예요.

지브리의 운명을 걸고

그런데 막상 시작해 보니 〈모노노케 히메〉 작업이 도저히 끝나지 않을 것 같았어요. 미야자키는 오랫동안 길러 온 수염까지 깎으며 결의를 다지기도 했어요. 또 홍보비를 줄이고 대신 제작비에 많은 돈을 들였어요. 〈모노노케 히메〉는 스튜디오 지브리의 모든 힘을 동원하여 오랜 시간 동안 구상하며 제작했고, 그만큼 막대한 제작비를 들인 엄청난 대작이에요.

"이 영화가 이전 작품만큼 흥행에 성공할까요?"

가족이나 직원들은 3년에 걸쳐 막대한 비용이 들어 간 〈모노노케 히메〉의 흥행을 걱정하지 않을 수 없었어요. 90% 이상을 손으로 직접 그리는 방식을 택한 만큼 상상을 초월하는 노력이 들어간 작품이지요.

전체 작화의 반인 8만 장 가까이 되는 그림을 미야자키가 직접 손으로 그렸어요. 웬만한 작업은 컴퓨터로 처리하는 시대의 흐름과 달리 기계를 통해서는 원하는 분위기를 도저히 살릴 수 없었기 때문이에요. 하지만 이렇게 손으로 그려 가다가는 애니메이터로 더는 일하지 못하겠다는 한계를 실감하기도 했어요.

드디어 작품이 완성되어 개봉 날짜가 잡혔어요. 이국적인 풍경도 등장하지 않고 동화 같지도 않은 〈모노노케 히메〉를 일본 관객은 어떻게 받아들였을까요? 일을 예측할 때 항상 최악의 상황을 예상해 버리는 미야자키는 어떤 일이 있어도 놀라지 않겠다고 작정했어요.

'그래, 흥행에 참패한다고 해도 어쩔 수 없지.'

그런데 개봉 전날 미야자키를 당황하게 하는 상황이 일어났어요. 하루 전부터 영화관 앞에 표를 사려는 관객이 줄을 서기 시작한 거예요. 전혀 예상하지 못한 일이었죠. 개봉 뒤에도 연일 매진 소동으로 심지어 입석 표를 파는 일까지 생겼어요. 〈모노노케 히메〉를 보려는 관객들이 얼마나 많은지 극장 앞이 너무 혼잡해서 경찰까지 동원되었답니다.

"그래도 못 들어간 관객들이 아우성이에요. 아무래도 상영 횟수를 늘려야겠어요."

결국 애니메이션으로는 최초로 조조와 심야 상영까지 하게 되었어요. 일본뿐 아니라 해외에서도 〈모노노케 히메〉의 인기는 뉴스가 될 정도였지요. 일본 관객 1,400만 명을 동원하는 대기록을 세우고, 미국을 포함해 세계로 배급되면서 숱한 이야깃거리를 낳았어요.

"미국에서도 상영될까?"

"미국은 〈아키라〉1988나 〈이웃집 토토로〉를 제외하면 일본 애니메이션이 극장에서 상영된 예가 없지 않나요?"

〈모노노케 히메〉는 기대와 화제 속에 미국에서 개봉했어요. 배급을 맡은 회사는 어디였을까요? 바로 디즈니사였어요. 미야자키는 도에이 동화에 입사하면서부터 디즈니사를 뛰어 넘는 훨씬 나은 작품을 만들겠다고 결심했었죠. 일개 일본 애니메이터의 치기처럼 보이던 시기도 있었지만, 정말로 디즈니가 미야자키의 작품을 인정한 날이 온 거예요.

성공을 뒤로한 은퇴 결심

많은 관객이 〈모노노케 히메〉에서 가장 인상적인 인물로 마을을 운영하며 철을 제조하는 여성 '에보시'를 들었어요. 늘 강한 여성을 그려 온 미야자키는 일본의 역사를 공부하면서 옛날 일본 여성들은 현대보다 오히려 더 많은 권리를 가지고 있었다고 확신하고 에보시를 창조해 냈지요.

"여성은 충분히 힘을 가지고 있었고 자기주장을 했습니다."

또 관객의 마음에 가장 와 닿은 장면은 뭐니 뭐니 해도 아시타카가 '산'에게 "살아라" 하고 이야기하는 부분이에요. 이 장면을 보고 미야자키에게 수많은 감사 편지가 도착했어요.

> 계속 실패하는 인생일지라도 어쨌거나 살아가지 않으면 안 되겠
> 군요. 미야자키 감독님, 고맙습니다.

미야자키는 바라던 대로 아이들뿐 아니라 어른에게도 공감을 이끌어 낼 수 있어서 기뻤어요. 게다가 이 작품을 계기로 〈이웃집 토토로〉에 이어 다시 한 번 숲 보존 운동이 전개되어 무척 뿌듯했답니다.

'〈모노노케 히메〉를 통해 여러 깨달음과 만남이 있었구나.'

미야자키는 정말이지 행복했어요. 하지만 〈모노노케 히메〉를 애니메이터로서 마지막 작품이라 여기고 은퇴를 발표했어요. 항상 이 작품이 마지막이라는 다짐으로 영화를 만들어 오기는 했지만, 〈모노노케 히메〉를 작업하며 몸이 움직이지 않을 정도로 피로를 느꼈거든요.

"내 나이에 예전처럼 작업하는 건 현실적으로 불가능합니다. 앞으로는 직접 그림을 그리는 대신 연출에 집중하겠습니다."

스튜디오 지브리는 미야자키의 총애를 받던 콘도 요시후미近藤喜文에게 미야자키가 떠난 자리의 지휘를 맡겼어요. 콘도는 바이올린을 만드는 소년과 작가를 꿈꾸는 소녀의 사랑 이야기 〈귀를 귀울이면〉1995을 성공으로 이끌며 천재 감독으로 평가되고 있었지요. 미야자키의 뜻대로 유행을 뒤로하고 청춘의 중요한 진실에 대해 그리고 있다는 칭찬을 들으면서요. 이제 스튜디오 지브리는 미야자키를 포함한 선배들이 떠나고, 30대 초반의 젊은 스태프들이 책임지게 되었답니다.

일본 영화의
새 역사를 쓰다

"미야자키는 이 컴퓨터 시대에 계속 손으로 그림을 그리고 있다.
그 작업에 놀라움을 금치 못하겠다."

팀 버튼, 미국 영화감독

"애니메이션은 연필과 사람의 수작업이 필요한 그 무엇이다.
이것이 내가 애니메이션 일을 하는 이유이기도 하다."

미야자키 하야오

일본 애니메이션 최고의 흥행 기록을 세우고, 애니메이션으로는 최초로
베를린 영화제 최고의 상인 금곰상을 받아 세상을 깜짝 놀라게 한 영화는
〈센과 치히로의 행방불명〉이에요. 미야자키는 이제 많은 영화 팬들의 사
랑을 받는 세계적인 거장이 되었어요. 그리고 자신의 뒤를 이을 후계자를
찾기 시작했지요.

한 번 더 힘을 내 보자

미야자키는 친구들 그리고 아이들과 함께 시간을 보내며 쉬기로 했어요. 짬짬이 연출 수업을 운영하기도 하면서요. 1998년 9월 히가시코가네이에 있는 학원에 애니메이션 연출 강좌를 열었죠.

"애니메이터가 되려면 다른 방식으로 영화 기법을 공부해야 합니다."

낙엽송으로 건축한 개인 사무실 겸 화실도 열었어요. 건물이 있던 자리의 나무를 그대로 두고 만들 수 있어서 흐뭇하기 이를 데 없었어요. 비록 지붕을 누르고 있는 나무 탓에 방이 움푹 패기는 했지만요.

조종사이면서 〈어린 왕자〉를 쓴 작가 앙투안 드 생텍쥐페리Antoine de Saint-Exupéry가 탔던 것과 같은 기종의 비행기를 타고 프랑스 툴루즈에서 사하라 사막까지 따라 가는 체험도 했어요. 바로 생텍쥐페리가 생전에 비행했던 코스였지요. 〈아니메쥬〉에 연재하던 만화 《바람 계곡의 나우시카》도 12년 만에 끝을 맺었어요.

하지만 이러한 휴식을 즐기기도 잠시, 콘도 감독의 죽음이라는 청천벽력 같은 소식이 전해집니다. 앓고 있던 지병이 갑작스럽게 악화된 거였어요. 콘도가 〈귀를 기울이면〉을 발표하고 스튜디오 지브리의 소장이 되고 난 직후여서 많은 사람이 더 안타까워했어요.

슬픔을 미처 다스릴 틈도 없이 미야자키는 결국 스튜디오 지브리의 소장으로 다시 복귀했어요. 은퇴도 뒤집어야 했지요. 이 땅의 아이들이 건강하게 자랄 수 있는 이야기를 조금 더 만들어 보고 싶다는 의지도 다시 생겼어요. 줄곧 무리해 온 팔이 움직여지지 않는 채로 침대에서 나와야 하는 아침도 있었지만 말이에요.

'그래도 힘을 내서 작품을 더 만들어 보자.'

세상이 얼마나 재미있는 줄 아니?

"어라, 벌써 서른 살이 됐어?"

미야자키는 젊은 스태프가 나이 들어가는 것을 발견할 때면 놀라웠어요. 그래서 책상 앞에서 나이 먹어 가는 직원들에게 자기만의 시간도 갖고 휴가도 쓰라고 말하곤 했죠. 하지만 직원들은 휴일에도 나와 일을 해야 했어요.

"우리가 3년을 꼬박 만들어도 2시간짜리 영화가 겨우 나올까 말까예요."

이런 미야자키와 스태프들의 노력으로 또 한 편의 작품이 탄생했어요. 구상은 지역 사람들과 강 청소를 하던 휴일에서 시작되었어요. 미야자키는 문득 이런 생각을 했어요.

'일본 강에 신이 존재한다면, 강의 신들은 너무 지쳐서 슬프고 안타깝게 살고 있겠구나.'

일본의 강이 오염된 현실이 안타까웠던 거예요. 그리고 강의 신이 오염되어 오물 신으로 변해 온천에 와서 목욕하는 장면이 떠올랐어요. 집에서 쓰던 낡은 목욕통을 부수어 버리려 하자 아이들이 미야자키를 말리던 기억도 났어요.

"아빠, 목욕통이 불쌍해요."

"그럼 어쩌면 좋니?"

결국 그는 목욕통에도 영혼이 있다고 믿는 아이들과 목욕통 안에서 이별 사진을 찍는 의식을 가졌어요. 그리고 이 의식으로 일본 사람은 자연과 영혼에 대해 서양 사람과 다르게 생각한다는 점을 돌아보았어요. 서양인은 자연을 통제하려 하지만 일본인은 통제하고 싶어 하지 않으니까요. 자연에도 영혼이 깃들어 있다고 믿고, 존경과 겸손의 마음가짐을 가지려 하죠.

오염된 강, 강과 사물에 깃들어 있는 영혼, 목욕통, 일본의 정서……. 우연히 이상한 세계에 빠진 10살 소녀가 마법에 걸려 돼지로 변한 부모를 구하기 위해 신들의 목욕탕에서 펼치는 모험 〈센과 치히로의 행방불명〉2001의 줄거리가 어느새 만들어졌어요. 미야자키는 이 영화의 동화 작업을 우리나라에 맡겼어요.

"작업 결과는 대단히 만족스러웠습니다. 게다가 한국과 일한 우리 스태프들이 작업이 끝나고도 오래 한국에 머물고 싶어 했어요."

우리나라와도 인연이 깊은 〈센과 치히로의 행방불명〉은 〈모노노케 히메〉와 다르게 만화적인 표현을 되살려 그렸어요. 그 덕분이었을까요? 개봉 당시 일본 영화 산업은 불황이었지만, 〈센과 치히로의 행방불명〉은 3일 동안 122만 명의 관객을 동원하고, 16억 3,000만 엔이라는 흥행 수입을 올렸답니다. 〈모노노케 히메〉를 뛰어넘는 인기였어요!

여기에 더해 2002년 2월 6일부터 17일까지 열린 제52회 베를린 영화제*에서 놀라운 결과가 발표되었어요. 그랑프리인 금곰상을 폴 그린그래스Paul Greengrass의 〈블러디 선데이〉2002와 미야자키의 〈센과 치히로의 행방불명〉에 공동으로 수여한 거예요. 애니메이션이 최초로 일반 영화와 나란히 높은 평가를 받은 경이로운 사건이었죠. 세계적으로 큰 화제가 되었고요. 예술성을 강조하는 베를린 영화제에서 애니메이션이 아이들을 위한 영화라는 편견을 깨고 예술 작품으로 인정받았으니까요.

이뿐만이 아니에요. 2003년에는 같은 작품으로 제75회 아카데

* **베를린 영화제** 1951년에 시작된 국제 영화제로 베니스 영화제, 칸 영화제와 함께 세계 3대 영화제로 불려요.

〈센과 치히로의 행방불명〉은 영화 역사를 다시 쓸 정도로 엄청난 평가를 받았어요.
미야자키는 세계적인 거장이 되었고요.

미상 장편 애니메이션 영화 부분에서도 〈아이스 에이지〉, 〈보물성〉과 같은 미국 거대 제작사의 애니메이션을 제치고 상을 받으면서, 미야자키는 세계적인 거장의 반열에 올랐어요. 하지만 미야자키는 두 영화제의 시상식에 모두 가지 않았어요.

"수상이 정해져 있지도 않은데 테이블에 앉아 기다리는 게 싫어서요."

그는 시상식에 가지 않은 까닭을 장난스럽게 이야기했지만, 아카데미상을 받은 소감을 글로 밝히면서 솔직한 심정을 드러냈어요.

> 지금 세계는 대단히 불행한 사태를 맞고 있고, 이 때문에 수상을
> 기뻐할 수 없는 것이 저도 슬픕니다. 하지만 미국에서 〈센과 치
> 히로의 행방불명〉을 공개할 수 있게 힘써 준 친구들, 또 작품을
> 평가해 준 분들께 진심으로 감사의 마음을 드립니다.

여기에서 미야자키가 말하는 "대단히 불행한 사태"는 미국의 이라크 침공이에요. 이라크를 침략한 나라에는 상을 받으러 갈 수 없다는 것이 미야자키가 진짜 불참한 이유였어요.

2002년 미국은 이라크가 대량 살상 무기를 만들고 있다는 이유로 이라크를 공격하여 민간인 사망자만 4만여 명에 이르는 비극적인 결과를 낳았어요. 하지만 대다수 나라에서는 미국이 이라크

를 공격한 이유는 석유 때문이라고 보았으며, 사실상 이라크가 대량 살상 무기를 가지고 있지 않다고 밝혀지기도 했어요. 이라크는 세계에서 두 번째로 석유가 많이 매장된 나라이고, 이 사건은 현대사회의 만능 자원인 석유를 두고 벌어진 가장 노골적인 전쟁으로 기록되었어요.

미야자키는 영화를 통해 전쟁에 반대하고 평화와 환경의 중요성을 이야기하려 했지요. "살아간다는 것은 멋진 일"이라는 응원이 진심이어야 하기 때문이에요.

그가 영화제에 참석하지 않는 이유는 또 있었어요.

'사람들이 즐거워하지 않으면 어쩌지?'

이렇게 늘 가슴을 졸이고 있어서 관객과 섞여 영화를 보는 게 불편했거든요. 그가 가장 긴장하며 기대한 것은 정말 이 작품을 보여 주고 싶었던 '치히로' 또래 열 살 아이들의 초롱초롱한 눈빛과 탄성이에요.

영화 속에서 치히로는 그저 굼뜬 아이로 등장해요. 미야자키는 어쩌면 세상에서 가장 눈에 빛이 없는 아이가 일본 아이가 아닐까 생각해 왔어요. 영화 첫 부분에서 아버지의 말에도 시큰둥하게 대답할까 말까 하는 무감각한 아이 치히로는 그가 안쓰럽게 생각했던 일본 아이들의 모습을 담고 있지요. 신 나는 놀이 대신 공부에 치이는 아이들 말이에요. 미야자키는 어린 친구들에게 이 영화를 통해 세상은 재미있고 많은 가능성이 열려 있다는 걸 알려 주고 싶었어요.

"와, 재미있어요!"

다행히 주변의 치히로 또래 아이들은 〈센과 치히로의 행방불명〉에 열광했어요. 미야자키는 그제야 흐뭇한 미소를 띠며 이 아이들이 나중에 열 살이 된 자녀에게도 보여 줄 수 있는 작품이 되기를 바랐어요.

아이들을 위한 공간, 지브리 미술관

"미술관을 만들면 재미있을 것 같지 않아?"

미야자키는 평소 아이들을 위해 건강하고 밝은 볼거리가 가득한 장소를 만들고 싶었어요. 이렇게 2001년 10월, 도쿄 미타카三鷹의 숲에 아이들을 위한 미술관이 세워졌답니다. 지브리 미술관은 미야자키의 다양한 바람을 담고 있어요.

1. 건물 자체를 영화로 만들고 싶다

2. 아이들도 어엿한 한 사람으로 대하고 싶다

3. 몸이 불편한 사람을 가능한 한 배려해야 한다

4. 애니메이션을 보는 새로운 방법이 탄생하는 장소이면 좋겠다

5. 미술관을 둘러본 뒤 애니메이터가 되겠다고 결심하는 사람이 있었으면 좋겠다

1층은 '영화가 태어나는 장소'로 미술관을 위해 따로 제작한 애니메이션을 상영해요. 전철을 본따 만든 영사실을 설치해서 눈 밝은 아이들이 영사 기사의 모습도 찾을 수 있는 재미가 있지요.

미야자키는 미술관에서만 상영하는 단편 애니메이션을 전시하기로 했어요. 비디오나 DVD로 출시하지 않고, 영화제에도 출품하지 않는 영화 말이에요. 이 작품들은 장편 영화가 끝나고 여유가 생기는 시기에 집중적으로 제작했어요. 음악이나 효과음을 전부 사람 목소리로 처리하고 화면에 문자를 넣은 〈집 찾기〉2006 같은 실험적인 단편도 만들었어요. 미야자키는 단단히 각오했답니다.

"지브리 미술관에서 상영하는 영화는 쓰러지지 않는 한 계속 만들 겁니다."

영화를 본 뒤 애니메이션과 스튜디오 지브리에 관한 전시를 감상하고, 카메라 옵스큐라camera obscura를 구경할 수 있어요. 카메라 옵스큐라는 작은 구멍이 뚫린 암실 같은 검은 상자예요. 이 상자로 사진을 찍는 원리를 이해할 수 있지요. 하지만 스테인드글라스로 알록달록 장식된 지브리 미술관 실내는 사진 촬영이 금지되어 있어요.

전 세계가 사랑하는 거장

지브리 미술관 옥상에는 〈천공의 성 라퓨타〉에 나오는 거신병 조형이 서 있어요.

"엄마 쪽을 바라보고 웃어 봐!"

미야자키는 전시된 고양이 버스에 어색하게 올라탄 채 부모의 요구에 맞춰 포즈를 잡는 아이들을 보기가 싫었어요. 아이들이 마음껏 뛰어 노는 것이 그에게는 가장 중요했어요. 그래서 기념 촬영 때문에 아이들이 방해받지 않도록 미술관 내에서는 촬영을 허락하지 않았죠.

"스튜디오 지브리가 무너져도 남아 있는 미술관이 되었으면 합니다."

다음 세대 감독이 등장하기를

〈센과 치히로의 행방불명〉이 성공했음에도 미야자키는 다시 한 번 은퇴를 선언했어요.

"다음 작품은 젊은 감독이 연출하게 될 겁니다."

60살이 넘은 나이에 장편 연출은 더는 무리라고 생각했어요. 여전히 작업에 애정이 있지만, 한편으로는 육체적인 피로에 견딜 수 없이 괴롭기도 했거든요. 미야자키는 다음 작품인 〈고양이의 보은〉2002은 신인 감독이 연출할 것을 고려하면서 기획했어요.

"미야자키 감독님과 다카하타 프로듀서라는 두 거장이 성공적으로 이끌어 나가는 지브리에서 왜 신인 감독 발굴이 중요한 문제인가요?"

사람들은 이해할 수 없다는 반응이었어요. 스튜디오 지브리는 여전히 탄탄해 보였거든요. 하지만 미야자키와 다카하타의 역량이 너무 뛰어난 나머지 후배들이 빛을 발하지 못하는 것은 아닌가 우려하는 사람도 있었어요. 미야자키 역시 이 점을 잘 알고 있었어요. 그래서 후배들에게 기회를 줘야겠다고 결심한 거예요.

"지브리는 세대교체가 필요합니다."

하지만 한참이 지나도록 후계자가 될 만한 실력 있는 감독이 나오지 않았어요. 미야자키는 단순히 손재주가 좋은 애니메이터를 찾는 것이 아니었어요. 매일의 경험을 종합해 자기 안에서 확장해 가는 능력이 있는 신인을 찾았죠. 후계자라기보다는 라이벌이 될 수 있는 신인 감독을 발견하기를 원했어요. 많은 애니메이터 지망생이 미야자키를 찾아왔어요.

"어떤 작품을 그리고 싶나?"

"음, 그러니까 폭발 장면을 그리고 싶습니다."

"폭발 장면 후에는?"

폭발 장면 외의 이야기, 다시 말해 사람이 어떤 식으로 관계를 맺고 살아가는지에 관심이 있는 젊은이는 무척 드물었어요.

"나도 어릴 때 꽤 어리석었지만, 요새 친구들은 체험을 종합하는 능력이 떨어지는 것 같아."

미야자키는 걱정이 컸어요. "좋은 애니메이터 찾기는 모래에 섞인 금 찾기보다 어렵다"고 한 디즈니의 말도 떠올랐고요. 디즈니는 학교를 만들어 애니메이터를 키워 냈고, 외국에서 인재를 데려오기도 했어요. 좋은 애니메이터를 발견하고 양성하는 일에 돈을 아끼지 않았죠. 그래도 결국 디즈니를 능가하는 후계자는 길러 내지 못했어요.

지브리가 키운 젊은 애니메이터들은 아무리 힘들어도 일을 해내야 한다는 습관이 몸에 배어 있어서 귀찮은 일도 묵묵히 해내는 장점이 있었어요. 그런데 이 장점을 넘어서는 감독이 나올까요?

발견! 모리타 히로유키

드디어 미야자키의 눈에 띄는 애니메이터가 들어왔어요. 〈코로의 산책〉의 원화를 맡은 신입 모리타 히로유키森田宏幸였지요.

"이 친구, 기본기가 탄탄하고 감각도 신선한걸?"

후쿠오카 출신의 모리타는 프리랜서로 〈마녀 배달부 키키〉의 원화를 그리기도 했어요. 연출력과 기술력을 갖추고 차근차근 배워 온 사람이었어요. 미야자키는 모리타에게서 잠재력을 보았고 데뷔작의 연출력도 만족스러웠어요. 기획력이 좋고 모리타만의 독특한 연출법이 돋보였어요.

"다음 지브리 작품은 자네가 만들어 보게."

여러 차례 신중하게 검토한 끝에 미야자키는 기획하고 있던 〈고양이의 보은〉의 감독을 모리타에게 맡겼어요. 〈고양이의 보은〉은 〈귀를 기울이면〉의 속편 격으로, 평범한 여고생이 어느 날 트럭에 치인 고양이를 구하면서 일어나는 동화 같은 이야기예요. 모리타는 〈고양이의 보은〉을 성공적으로 이끌며 곧 지브리의 새로운 기대주로 당당히 자리매김했어요. 그런데 무슨 일이었을까요?

"제가 장편 애니메이션을 계속 만들기는 무리일 듯싶습니다."

모리타는 이 말을 남기고 갑작스럽게 지브리를 떠나 버렸어요. 스튜디오 지브리의 미래는 어떻게 되는 걸까요?

전 세계 유명 인사가 되다

미야자키는 어쩔 수 없이 다시 은퇴를 번복하고 하루 12시간씩 스튜디오에서 일해야 했어요. 이후 〈하울의 움직이는 성〉2004을 지브리의 실력 있는 젊은 감독 호소다 마모루細田守에게 맡기고 제대로 은퇴하려 했지만, 지브리 운영진과의 불화로 호소다가 회사를 나가는 일도 생겼어요. 2003년 봄 개봉할 예정이던 〈하울의 움직이는 성〉은 미야자키가 다시 감독을 맡아 그다음 해에 개봉했지요.

영국 작가 다이애나 윈 존스Diana Wynne Jones의 작품을 원작으로 한 〈하울의 움직이는 성〉에는 미야자키가 겪은 도쿄 대공습 당시의 경험이 생생하게 반영되어 있답니다.

"이 작품을 빌어 제가 전쟁에 부정적인 견해를 갖고 있음을 다시 한 번 밝힙니다."

이 영화로 미야자키 하야오라는 이름은 다시 한 번 세계에 널리 알려졌어요. 은퇴는커녕 그는 더욱 바빠졌죠. 2005년에 도쿠마쇼텐에서 독립한 주식회사 스튜디오 지브리의 대표 이사로 취임했고, 〈타임스〉에서 선정한 '세계에서 가장 권위 있는 100인' 가운데 한 명으로 뽑히기도 했어요.

2005년 제63회 베니스 영화제는 명작을 지속해서 만들어 온 거장에게 주는 공로상을 발표합니다.

우리 마음속 동심을 부르는 미야자키 하야오 감독에게 명예 황금 사자상을 수여합니다.

미야자키는 베를린 영화제, 아카데미상 시상식과 달리 명예 황금사자상 수상을 위해 시상식에 출석했어요. 베니스의 한 호텔에서 가진 인터뷰에서 미야자키는 무엇을 위해 작품을 만들어 왔는지 이야기했답니다.

아이들에게 태어나서 다행이라고 말해 줄 수 있는 애니메이션을 만들고 싶습니다. 재미있는 것, 예쁜 것, 좋은 것이 이 세상에 가득하다는 걸 알리고 싶었어요.

물고기 소녀 '포뇨'

영국의 유명한 영화감독 팀 버튼Tim Burton은 미야자키에 대해 이렇게 말했어요.

"그는 이 컴퓨터 시대에 계속 손으로 그림을 그리고 있습니다. 그 작업에 놀라움을 금치 못하겠습니다."

미야자키는 컴퓨터 그래픽 기술도 이용하지만, 컴퓨터가 잡아낼 수 없는 섬세한 감각을 살리기 위해 수작업 위주로 작업해 왔어요. 그러다가 〈벼랑 위의 포뇨〉2008는 아예 100% 수작업으로 작업했어요.

미야자키는 히로시마 도모노우라鞆の浦에서 6개월 이상 머물며 이 작은 바닷가 마을을 구석구석 돌아보았어요. 아침마다 단골 찻집에서 차를 마시고, 스케치를 하고, 단골 식당에서 밥을 먹고, 다시 골목길을 돌며 이미지를 구상했어요.

"미야자키 감독님, 무슨 이야기를 구상하시나요?"

"인간 세상에 관심이 많은 물고기 소녀에 대한 이야기를 생각하고 있습니다. 그 소녀 이름은 포뇨이고요."

이제 그는 작품을 만들 때면 해외 개봉도 염두에 두어야 했어요. 외국에서는 '포뇨Ponyo'라는 제목으로 개봉했답니다. 제65회 베니스 영화제 황금사자상 경쟁 부문에 다시 진출해 10분간 기립 박수를 받으며 관객과 비평가 모두에게 환호를 얻었지요.

하지만 애니메이션 감독으로서 미야자키의 시름은 깊어 갔어요. 스튜디오 지브리를 맡길 후계자가 여전히 나타나지 않았기 때문이에요.

전 세계가 사랑하는 거장

미야자키의
뒷모습

"조금 더 나은 사람이 되기 위해 애니메이션을 만든다."

미야자키 하야오

세계적인 애니메이션 거장 미야자키가 마지막으로 만드는 작품이라고 했던 영화는 어떤 이야기일까요? 〈바람이 분다〉는 호리코시 지로라는 비행기 설계자를 포함해 전쟁을 겪은 사람들의 이야기예요. 결국 어린 시절 보았던 전쟁으로 돌아간 셈이지요. 미야자키는 〈바람이 분다〉를 끝으로 은퇴를 선언했고, 수많은 영화 팬들이 안타까워했어요. 하지만 3년 뒤, 그는 너무나 사랑하는 애니메이션을 다시 만들기 위해 돌아왔어요. 팬들의 환호성이 여기까지 들리는 것 같죠?

아버지와 아들

미야자키의 두 아들은 모두 예술과 관련 있는 직업을 택했어요. 첫째 아들 고로는 나가노 현에 있는 대학을 나와 건축 일을 했고, 둘째 아들 게이스케는 디자인을 공부하여 나무 예술가로 활동했어요. 두 아들은 이후 지브리와 인연을 맺었지요. 게이스케는 지브리 미술관을 위해 작품을 창작하고, 스튜디오 지브리의 작품 〈마음의 속삭임〉에 나오는 나무 조각을 만들었어요.

고로는 좀 더 깊이 스튜디오 지브리에 관여했어요. 고로는 미야자키를 꼭 빼닮은 아들이에요. 짙은 쌍꺼풀에 구레나룻, 소심하면서도 고집 센 성격까지도요. 고로는 아버지를 존경하면서도 '미야자키 하야오의 아들'로 불리는 걸 싫어했지만, 결국 직장을 그만두고 스튜디오 지브리에 입사했답니다. 2001년부터 지브리 미술관 관장을 맡았어요.

그런데 세상과 자신을 구하기 위해 떠나는 마법사 게드와 아렌 왕자의 모험을 그린 지브리 스튜디오 신작 〈게드 전기〉2006를 둘러싸고 아버지와 아들 사이에 큰 마찰이 생겼어요. '게드 전기'는 어슐러 K. 르 귄Ursula K. Le Guin의 판타지 소설 '어스시 시리즈'가 일본에 소개되면서 붙여진 제목이에요.

어스시 시리즈는 미야자키가 대단히 좋아하는 작품이었어요.

〈바람 계곡의 나우시카〉, 〈이웃집 토토로〉, 〈센과 치히로의 행방 불명〉, 〈모노노케 히메〉를 구상하는 데도 큰 영향을 끼친 소설이 지요. 미야자키는 영화를 홍보하러 미국에 방문했을 때 실제로 르 귄을 만나 어린아이처럼 좋아하기도 했어요. 그때 르 귄에게 어스 시 시리즈를 애니메이션으로 만들어 달라는 부탁을 받았죠.

"정말 만들고 싶은데 〈하울의 움직이는 성〉 제작에 들어간 터라 어렵습니다."

미야자키는 눈물을 머금고 포기해야 했어요. 또 영화 상영 시간 2시간 안에 어스시 시리즈에서 표현하고 싶은 것을 모두 그릴 수 있을까 고민이기도 했고요. 그런데 조감독 한 번 한 적 없는 고로 가 〈게드 전기〉의 감독을 덜컥 맡게 된 거예요. 그림을 그리지 않 았던 고로는 미술관에서 일하면서 처음으로 애니메이션 콘티 작 업을 해 보았어요. 그런 고로의 가능성을 높이 산 스즈키 프로듀 서는 고로를 불러 주인공과 용이 마주하고 있는 장면을 그려 보라 고 제안했어요.

"미야자키 감독님이 좋아하는 가로 구성 말고 세로 구성으로 그 려 보면 어때?"

스즈키는 고로가 그려 온 장면이 퍽 마음에 들었어요. 미야자키 의 오랜 친구인 오쓰카는 처음에는 고로의 그림인 줄도 몰랐어요. 원작을 잘 이해한 좋은 그림이라고 칭찬하다가 고로의 그림이라는 사실을 알고는 깜짝 놀랐지요.

"역시 그 아버지에 그 아들이야!"

하지만 미야자키는 고로가 〈게드 전기〉의 연출을 맡았다는 소식을 듣고 길길이 뛰었어요.

"저 녀석은 절대로 못 해! 애니메이션에 대해 아는 것도 없는 아마추어란 말이야!"

심지어 콘티를 보지도 않았어요.

"정말 할 셈이냐?"

미야자키는 고로에게 고함을 쳤어요.

"경험도 없는 네가 연출을 하는 건 애니메이션에 대한 모독이야!"

미야자키의 말에 고로는 지지 않고 대답했어요.

"그렇다면 작품으로 보여 드리겠습니다."

스튜디오 지브리의 직원들은 아버지와 아들이 서로 책상을 두드려 가며 소리치는 광경을 마음 졸이며 지켜봐야 했어요. 대판 싸움을 벌이고 〈게드 전기〉 제작이 시작되었어요. 미야자키 부자는 1년 동안 한마디도 하지 않았어요. 스튜디오 복도에서 서로 우연히 만나도 말을 건네기는커녕 바로 방향을 바꾸어 돌아섰어요. 미야자키는 초기 단계에서 스케치 한 장을 그렸을 뿐 조금도 제작에 간섭하지 않았죠. 의외의 이유 때문이었어요.

"작업에 관여하면 여러 가지 주문을 하며 참견할 것 같았습니다."

사실 감독이기 이전에 아버지로서 그는 연출을 맡은 아들을 점차 미안한 마음으로 지켜보게 되었어요. 아내는 미야자키를 질책하곤 했지요.

"당신은 아이들에 대해 말할 자격이 없어요."

늘 일만 해 온 자신의 생활이 고로와의 관계를 악화시킨 것은 아닌지 반성하게 된 거예요.

'그래, 집에는 잠이나 자러 오는 아버지였으니 잘난 척할 수도 없는 노릇이지.'

원래 〈게드 전기〉의 시사회에는 미야자키가 참석하지 않기로 되어 있었지만, 예고도 없이 그가 나타났어요. 그리고 고로에게 한마디 툭 던지고 나갔어요.

"좋았다."

기본에 충실하다는 것이 아들의 작품에 대한 미야자키의 평이었어요. 하지만 관계를 완전히 회복하기까지 2년이 더 걸렸어요. 우여곡절 끝에 개봉한 〈게드 전기〉는 스튜디오 지브리의 작품 가운데 흥행 기록으로 4위를 차지할 만큼 좋은 성적을 거뒀죠.* 특히 그림과 음악이 좋은 평가를 받았어요.

고로는 이후 〈코쿠리코 언덕에서〉2011를 감독했는데, 미야자키는 이번에는 아들을 위해 각본을 짜 주었어요. 미야자키는 〈코쿠리코 언덕에서〉의 연출이 전작보다 낫다고 안도했어요.

미야자키의 마지막 비행

'후회는 하지 않되 책임은 안고 가자.'

미야자키는 지금까지 이렇게 생각하며 살아왔고 과거를 뒤돌아보지 않았어요. 하지만 나이가 들자 어느새 그의 아버지를 되돌아보게 되었어요. 아버지는 1993년에 세상을 떠났어요. 마음의 준비를 이전부터 단단히 하고 있어서 당시에는 크게 슬픔을 느끼지 않았죠. 하지만 오즈 야스지로의 영화 〈청춘의 꿈은 어디에〉1932를 보던 미야자키는 눈물을 흘렸어요.

'안경만 썼을 뿐 아버지와 똑같구나.'

영화는 현실에서 점점 무력감을 느끼는 젊은 일본 남자를 잘 보여 주고 있었어요. 그는 영화를 통해 간토 대지진과 전쟁을 겪으며 세상을 믿지 못하게 된 아버지 세대를 이해하게 되었어요. 다

●2006년까지 개봉한 스튜디오 지브리의 작품 가운데 〈게드 전기〉보다 높은 흥행을 기록한 작품은 〈센과 치히로의 행방불명〉, 〈하울의 움직이는 성〉, 〈모노노케 히메〉예요. 모두 미야자키가 감독한 작품이지요.

시 전쟁을 꿈꾸는 21세기의 일본에서 살아야 하는 미야자키는 아버지에게 동질감을 느꼈어요.

'나는 전쟁이라는 시대의 바람 속에 아버지와 함께 서 있구나.'

비행기 설계자 호리코시 지로의 삶을 다룬 〈바람이 분다〉는 이러한 아버지 세대를 위해 만든 영화예요. 전쟁이 배경이시만, 전쟁을 이야기하는 대신 전쟁을 겪는 사람들을 다루고 있지요. 〈바람이 분다〉는 2013년 제70회 베니스 영화제 경쟁 부문에 초청되어 화제를 모았어요. 하지만 베니스 영화제 기간에 스튜디오 지브리의 호시노 코지 사장은 취재진을 비롯해 전 세계 영화 팬들을 충격에 빠지게 한 발표를 합니다.

"〈바람이 분다〉를 끝으로 미야자키 하야오 감독은 은퇴하기로 결정했습니다."

미야자키는 베니스 영화제에 참석하지 않은 상태였어요. 은퇴가 아니기를 바라는 사람들은 말했어요.

"이번에도 이전처럼 번복하고 다시 연출을 맡지 않을까?"

하지만 미야자키는 나흘 뒤인 2013년 9월 6일 도쿄 기치조지의 다이치 호텔에서 기자 회견을 열고 은퇴를 결심한 이유를 밝혔어요.

"이제 73세가 됩니다. 장편 애니메이션 한 편을 만드는 데 5년에서 7년이 걸리죠. 다음 작품을 완성하면 저는 80세가 되어 있을 겁니다. 장편 애니메이션을 계속 하고 싶은 마음이 있더라도 나이든 노인의 욕심일 뿐입니다."

"이전에도 은퇴 선언을 했다가 번복하지 않으셨습니까?"

"〈바람 계곡의 나우시카〉 속편 계획에 대한 소문이 돌던데요?"

쏟아지는 기자들의 질문에 미야자키는 대답했어요.

"이번에는 진짜예요. 다른 작품에 조언할 생각도 전혀 없습니다."

미야자키는 이후 어떤 일을 할지 정하지 않은 상태였어요.

"글쎄요. 지브리 미술관의 작품을 만들거나 봉사 활동을 하며 팬들과 만날 예정입니다."

안녕, 스튜디오 지브리

미야자키는 다른 회사보다 양호한 경영 상태인 지브리 스튜디오조차 제대로 된 작품을 만들기 위해 사람을 모집하거나 보충하는 문제에 허덕인다고 강조했죠.

"뛰어난 애니메이터 한두 사람이 있다고 작품을 잘 만들 수 있는 것은 아닙니다. 스태프 전체의 힘을 유지하는 노력이 필요합니다."

스튜디오 지브리는 미야자키의 철학에 따라 정사원제로 직원들의 근무 조건이나 최저 임금 수준을 끌어 올리려고 노력하며 많은 비용을 지출했어요. 미야자키는 늘 확고한 주제로 작품을 만들 수 있는 애니메이터를 기다리고 후원했지요.

스튜디오 지브리를 상징하는 미야자키가 떠나자 지브리는 버티기가 더 어려워졌어요. 그가 은퇴한 지 약 1년 후인 2014년 8월, 일본 언론은 일제히 스튜디오 지브리가 영화 제작을 중단한다고 보도했어요. 일본을 비롯한 전 세계 애니메이션 팬들은 다시 충격을 받았지요. 스즈키 사장은 아예 애니메이션 제작팀을 해체한다고 발표했어요.

요네바야시 히로마사米林宏昌 감독의 〈추억의 마니〉2014가 지브리의 마지막 작품이 될 겁니다.

스튜디오 지브리는 긴 제작 기간과 많은 비용이 필요한 전통적인 셀 애니메이션 작업을 고집하면서 적자에 시달려 왔어요. 거장의 빈자리가 너무 컸던 걸까요? 미야자키가 참여하지 않은 다카하타의 연출작 〈가구야 공주 이야기〉2014가 흥행에 실패한 탓일까요? 아니면 평소 미야자키의 예언대로 된 것일까요?

"아이들이 진심으로 기뻐하는 작품을 만들지 못한다면 스튜디오는 망할 겁니다."

어려운 제작 환경에서도 계속 좋은 작품이 나오기를 바랐던 미야자키의 소원은 이제 이룰 수 없는 꿈이 되어 버린 걸까요?

천천히 앞으로 끊임없이

"조금 더 나은 사람이 되기 위해 애니메이션을 만듭니다."

살기 위해 영화를 만드는 것이 아니라, 영화를 만들기 위해 산 다던 미야자키는 결국 애니메이션 현장을 떠났어요. 그래도 아이들이 뛰어노는 소리를 들으며 "태어나길 잘했지? 여기는 살 만한 곳이야."라고 말할 수 있는 세상을 위해 노력을 멈추지 않겠다는 다짐은 여전하지요. 더불어 일본은 왜 전쟁 같은 엄청난 일을 저질렀는지도 생각해 봅니다.

'왜 다른 나라를 공격하고 사람을 죽여야 했을까. 이후에라도 사과해야 하는 것 아닐까.'

미야자키는 꾸준히 전쟁을 반대하고, 원자력 발전을 반대하는 목소리도 함께 높이고 있어요. 그가 바라는 더 나은 세상을 위해서 말이에요. 미야자키는 손자들의 가슴을 두근거리게 하는 할아버지가 되는 공상을 하기도 해요. 으스스한 물건이 가득 차 있는 방을 보여 주거나, 차를 타고 폭주하는 경험을 선사하는 할아버지가 되고 싶거든요.

천 년 숲을 꾸며 짠하고 보여 주는 꿈을 꾸기도 해요. 풀과 나무를 새로 심은 다음 모든 짐승과 벌레를 풀어 놓고 50년 후 인간들이 어울릴 수 있는 자연 말이죠. 그래서 꿈을 실현하기 위해 이웃과 함께 수풀 보존 활동을 벌이고 있어요. 일 년에 몇 번 일요일에 모여 서로 의견을 나누며 근처 숲을 청소한답니다.

"이 가지를 쳐 내면 깨끗해지겠는데요?"

"그 풀은 자르지 마세요."

3시간이면 청소는 끝나고 잡초가 무성한 강가에 모여 같이 단맛 나는 술을 마시며 모임을 마쳐요. 아직은 많은 사람이 함께하지 못하지만 강요하지 않을 거예요. 미래는 애니메이션보다 더 긴 호흡으로 천천히, 길게 만들어 나가야 하니까요.

그리고 2016년 11월, 미야자키는 엄청난 소식을 세상에 전했어요. 〈바람이 분다〉를 끝으로 은퇴했지만, 다시 새로운 장편 애니메이션을 만들겠다는 거였어요! 바로 20년 동안이나 준비해 온 〈애벌레 보로〉를요. 미야자키가 은퇴하자 무척 아쉬워했던 수많은 팬들은 그가 다시 돌아온 것에 감격하면서 그를 응원했어요. 미야자키는 지금도 끊임없이 앞으로 나아가고 있습니다.

일본 애니메이션의
역사를 알아볼까요?

일본 애니메이션은 '재패니메이션Japanimation'이라고 부릅니다. 영어로 일본을 뜻하는 재팬Japan과 애니매이션Animation을 합친 말이에요. 애니메이션의 일본식 발음인 아니메Anime가 일본 애니메이션의 다른 이름이 되기도 하고요. 사람들에게 애니메이션은 곧 디즈니 애니메이션이나 일본 애니메이션일 만큼 재패니메이션은 일본을 넘어 전 세계가 즐기는 대중문화가 되었어요.

일본 문화는 19세기부터 판화 '우키요에'를 시작으로 서양에 알려졌는데, 현대에 들어서는 애니메이션을 통해 또 다른 전성기를 일구었지요. 제2차 세계대전 후 아시아권에서는 중국 애니메이션이 가장 앞서 있었어요. 일본은 도에이동화가 제작한 〈백사전〉을 통해 본격적으로 극장용 장편 애니메이션 제작에 나섰고요. 이 작품으로 일본은 훌륭한 애니메이터를 많이 배출하였고, 이후 많은 대작을 만들어 냈어요. 이듬해 제작된 〈소년 사루토비 사스케〉1959는 우리나라에서도 1963년에 '일본 애니메이션 최초 극장 개봉'을 기록하며 화제를 몰고 왔어요.

일본 애니메이션은 '만화의 신'으로 추앙받는 데즈카 오사무1928~1989의 TV 애니메이션으로 대중의 인기를 얻었어요. 극장을 중심으로 영화로만 제작되던 애니메이션을 더 많은 사람이 볼 수 있는, 특히 아이들에게 큰 영향을 미치는 TV로 가져 온 것이지요.

이전에는 TV에서 일본 단편을 제외하면 오직 미국 애니메이션만 방영되었어요. 하지만 1963년에 만화책으로 큰 인기를 얻은 자신의 작품 〈철완 아톰〉을 데즈카가 TV에 선보이면서 본격적으로 일본 장편 애니메이션 시리즈의 시대가 열렸답니다. 그는 디즈니와 러시아 감독 세르게이 에이젠슈타인Sergei Eisenstein의 강력한 영향 아래 애니메이션을 만들었어요.

데즈카의 애니메이션에 이어 서양 애니메이션과 차별되는 재패니메이션의 시대가 열렸어요. 〈마징가 Z〉, 〈은하철도 999〉, 〈초시공 요새 마크로스〉1982, 〈우주 해적 캡틴 하록〉1982 등 독특한 일본 애니메이션에 세계가 주목했어요. 일반 영화로 표현하기 어려운 로봇이나 우주를 소재로 한 이 애니메이션들은 전투를 다루는 단순한 모험 활극에 그치지 않았어요. 시청자였던 아이들이 과학자의 꿈을 가지면서 일본의 미래 산업을 이끌어 나가는 원동력이 되었답니다. 1970년대 이후 재패니메이션은 아이뿐 아니라 성인까지 볼 수 있도록 폭넓게 발전해 나갔어요.

미야자키와 다카하타는 데즈카의 영향을 받은 세대이면서 그 이상의 작품을 만든 애니메이터예요. 〈알프스 소녀 하이디〉, 〈엄마 찾아 삼만리〉, 〈미래 소년 코난〉 등 TV 애니메이션이나 〈바람 계곡의 나우시카〉, 〈천공의 성 라퓨타〉, 〈이웃집 토토로〉 같은 극장용 장편 애니메이션을 통해 서정적이면서 독창적인 그림과 이야기로 세계적으로 작품성을 인정받았어요.

미야자키는 데즈카가 미친 영향에 대해 종종 비판하는데, 데즈카가 TV 애니메이션을 시작하며 제작비를 너무 낮게 정해 버려 애니메이션 제작 환경이 열악하게 형성되었다는 것이지요. '만화 왕국' 일본에 드리워진 그림자를 이야기한 거예요.

미야자키의 뒤를 이어 오토모 가츠히로大友克洋의 〈아키라〉, 오시이 마모루押井

守의 〈공각기동대〉1995, 안노 히데아키庵野秀明의 〈신세기 에반게리온〉1995 등이 독특한 철학과 세계관, 정교한 그림과 이야기로 세계적인 명성을 얻었어요. 재패니메이션은 이제 디즈니를 따라가는 수준이 아니라 함께 세계 애니메이션의 방향을 제시하는 엄청난 존재감을 지니게 되었죠. 폭력성과 선정성으로 비난

받기도 하고 예전과 같은 지위를 얻지 못한다는 의심을 받기도 하지만, 여전히 독보적인 작품을 꾸준히 선보이고 있어요.

최근 일본에서 미야자키의 뒤를 잇는 애니메이터로 호소다 마모루가 거론되고 있는데, 호소다는 〈하울의 움직이는 성〉을 연출하다가 미야자키를 비롯한 스튜디오 지브리 경영진과의 불화로 도중에 하차한 적이 있어요. 〈시간을 달리는 소녀〉2006부터 눈여겨 볼 만한 작가로 인정받았고요. 이어서 〈썸머 워즈〉2009, 〈늑대 아이〉2012까지 창의적이고 감동적인 작품을 만드는 애니메이터로 성장했어요. 우리나라에도 많은 팬을 거느리고 있는 인기 감독이에요.

〈공각기동대〉

〈신세기 에반게리온〉

〈늑대 아이〉

미야자키 하야오
작품 목록

1963년   도에이 동화 입사. 〈멍멍 추신구라〉, 〈늑대 소년 켄〉 동화 작업

1965년   〈걸리버의 우주여행〉, 〈허슬 펀치〉 원화 작업

1966년   〈태양의 왕자 홀스의 대모험〉 원화, 장면 설계. 〈요술 공주 샐리〉,

          〈장화 신은 고양이〉 원화 작업

1971년   〈알리바바와 40마리의 도적〉 원화 작업

          A프로덕션으로 이직. 〈루팡 3세〉 연출

1972년   〈팬더와 친구들의 모험〉 원안, 시나리오, 장면 설정, 원화 작업

1973년   〈비 내리는 서커스〉 시나리오, 화면 구성, 원화 작업

          즈이요 영상으로 이직

1974년   〈알프스 소녀 하이디〉 장면 설정, 화면 구성

1975년   〈플랜더스의 개〉 원화 작업

1976년   〈엄마 찾아 삼만리〉 장면 설정, 레이아웃

1978년   〈미래 소년 코난〉 연출

1979년   〈빨간 머리 앤〉 장면 설정, 화면 구성

          텔레콤 애니메이션 필름으로 이직. 〈루팡 3세: 카리오스트로의 성〉

          시나리오, 콘티, 연출

1982년   〈명탐정 홈즈〉 작화, 연출

1984년 〈바람 계곡의 나우시카〉 시나리오, 그림 콘티, 연출

1985년 스튜디오 지브리 설립

1986년 〈천공의 성 라퓨타〉 시나리오, 그림 콘티, 연출

1988년 〈이웃집 토토로〉 원작, 시나리오, 연출

1989년 〈마녀 배달부 키키〉 프로듀서, 시나리오, 연출

1991년 〈추억은 방울방울〉 프로듀서

1992년 〈붉은 돼지〉 원작, 시나리오, 연출. 지브리 새 스튜디오 건립

1994년 〈폼포코 너구리 대작전〉 기획

1995년 〈귀를 기울이면〉 프로듀서, 시나리오, 그림 콘티, 제작. 단편 영화 〈온 유어 마크〉 원작, 시나리오, 연출

1997년 〈모노노케 히메〉 원작, 시나리오, 연출

2000년 지브리 미술관 개관

2001년 〈센과 치히로의 행방불명〉 시나리오, 연출. 〈고양이의 보은〉 기획

2004년 〈하울의 움직이는 성〉 원작, 시나리오, 연출

2005년 스튜디오 지브리 대표 이사 취임

2008년 〈벼랑 위의 포뇨〉 원작, 시나리오, 연출

2010년 〈마루 밑 아리에티〉 기획, 공동 시나리오

2011년 〈코쿠리코 언덕에서〉 기획, 공동 시나리오

2013년 〈바람이 분다〉 원작, 시나리오, 연출. 은퇴 선언

2016년 〈애벌레 보로〉를 준비하며 복귀 선언

미야자키처럼

영화감독을 꿈꾼다면

영화감독은
어떤 일을 하나요?

영화감독은 영화 만들기를 시작부터 끝까지 지휘하는 사람이에
요. 영화를 만드는 일은 연출, 촬영, 조명, 미술, 의상, 분장, 특수
효과 등으로 나누어져 있답니다. 분야마다 담당하는 사람이 따로
있지만, 영화감독은 이 모든 분야에 대해 잘 알고 원하는 방향으
로 이끄는 능력이 필요해요. 그럼 영화감독이 한 편의 영화를 만
들기 위해 구체적으로 어떻게 일하는지 알아볼까요?

1. 프리 프로덕션pre-production

▶ 촬영을 시작하기 전의 준비 단계

▶ 시나리오 쓰기 → 콘티 짜기 → 투자받기 → 연출팀 구성 → 촬영 일
정, 배우 등 결정

콘티의 예. 시나리오를 토대로 콘티를 짜는 일은 프리 프로덕션에 속해요.

영화를 만들려면 시나리오가 있어야 해요. 시나리오는 감독이 직접 쓰기도 하고, 전문 시나리오 작가가 쓰기도 하지요. 그런데 시나리오를 직접 쓰지 않는 감독이라도 시나리오를 누구보다 잘 이해하고 있어야 해요. 시나리오를 읽고 촬영 감독과 함께 콘티를 짜는 것이 감독의 일이니까요.

시나리오가 완성되면 콘티를 바탕으로 영화를 만드는 데 드는 비용을 투자받아요. 예산을 정하면 감독과 프로듀서를 중심으로 연출팀이 구성되고요. 감독과 프로듀서는 콘티에 맞추어 촬영 일정과 장소, 주요 스태프와 출연 배우, 장비와 기술 등 구체적인 부분을 결정하고 준비해요. 많은 사람이 함께하는 영화 일의 특성상 일의 순서를 정하는 프리 프로덕션 과정이 미흡하다면 작업이 효

미야자키처럼 영화감독을 꿈꾼다면

과적으로 이루어지기 어렵겠죠?

　애니메이션은 한 장씩 그림을 그려 가는 작업인 만큼 콘티 작업이 더욱 중요해요. 미야자키는 〈미래 소년 코난〉으로 감독 데뷔를 하기 전까지 프리 프로덕션 단계에서 화면 구성을 책임지고 캐릭터를 창조하는 스태프로 활약했어요. 이후 연출을 맡게 되자 다카하타에게 프로듀서가 되어 달라고 간곡하게 부탁했고요.

　감독만 해 오던 다카하타는 〈바람 계곡의 나우시카〉에서 무슨 일을 해야 하는지 모르는 채 덜컥 프로듀서를 맡았어요. 하지만 제작을 맡을 스튜디오를 찾고, 함께 일할 스태프들을 모집하고, 예산을 결정하는 역할을 훌륭하게 해냈답니다.

2. 프로덕션production

▶ **본격적인 제작 단계로서 영상을 촬영하는 과정**

　영화감독은 카메라 감독과 상의하여 현장에서 촬영을 이끌어 나가야 해요. 또 조명, 녹음, 의상, 분장 등 여러 부분을 담당자와 조율하며 맞추어 나가고, 배우의 연기를 지도합니다. 영화는 공동 작업인 만큼 스태프와의 대화가 중요하지요. 게다가 정해진 예산을 지키려면 예정된 일정 안에 촬영을 마쳐야 해요. 촬영 일이 늘

촬영은 프로덕션 단계의 대부분을 차지해요.

어날수록 장비와 공간의 대여료, 스태프의 숙박비 등 지불해야 할 비용이 눈덩이처럼 불어나니까요.

미야자키가 가장 큰 영향을 받은 감독은 〈7인의 사무라이〉, 〈란〉을 만든 구로사와 아키라黑澤明인데, 구로사와는 원하는 장면을 얻기 위해 촬영 기간을 어기곤 해서 제작사의 원망을 들었어요. 화면에 담기 좋은 날씨가 될 때까지 며칠이고 무작정 기다렸거든요. 〈화양연화〉를 연출한 왕가위Wong Kar-Wai는 콘티 없이 촬영에 들어가 아예 촬영 기간을 무시하는 것으로 악명이 높아요.

다카하타도 작품의 완성도를 높이겠다는 이유로 제작 마감을 연기해서 제작사와 많은 갈등을 빚었어요. 가능한 한 손으로 그리고 촬영하는 일정은 '새로운 표현'을 원하는 완벽주의자인 그의 고집으로 늦어지기 일쑤였고, 제작비도 늘어났지요. 〈가구야 공주 이야기〉는 촬영한 컷을 모두 버리고 다시 찍는 과정을 반복하면서 8년 동안 50억 엔약 530억 원이라는 천문학적인 제작비가 들었어요.

사건 사고가 많은 촬영 현장에서 좋은 영상을 찍는 능력만큼 현장을 지혜롭게 통솔하고 정해진 약속대로 기간을 지키는 것도 감독의 프로덕션 능력이랍니다.

3. 포스트 프로덕션 post-production

▶ 촬영이 끝난 뒤 영화를 완성하는 단계

▶ 영상 편집 → 색 보정 → 음악과 음향 삽입 → 특수 시각 효과 처리

촬영이 끝나면 각 장면을 이어 붙이는 작업을 해요. 이것을 편집이라고 하지요. 특히 색 보정은 화면의 톤을 적절하게 살려 주기 때문에 최근 들어서는 많은 비용이 들어가도 반드시 거치는 작업이에요. 또 음악, 음향, 컴퓨터 그래픽 같은 특수 효과를 입혀요. 추가 촬영이나 수정, 보완도 포스트 프로덕션에 해당해요. 요

극장에서 3D 영화를 보는 사람들. 최근에는 3D 특수 효과 등 포스트 프로덕션의 비중이 높아지고 있어요.

즘에는 포스트 프로덕션의 비중이 점점 높아지면서 여기에 많은 시간과 돈을 들인답니다.

영화의 호흡을 결정하는 편집은 포스트 프로덕션 단계에서 가장 중요한 작업이에요. 감독은 촬영한 영상을 편집 기사와 상의하여 재구성하면서 연출한 의도대로 편집을 해 나가요. 편집 기사는 편집의 책임자로서 전문성을 보장받아요. 우리나라 영화계에서는 박곡지가 편집 기사로 사람들에게 잘 알려져 있어요.

스튜디오 지브리는 3D 작업이라는, 애니메이션에서 필수적인 포스트 프로덕션 과정이 되어 버린 작업을 기피하는 제작사예요. 하지만 히사이시의 음악 작업을 다룬 다큐멘터리를 통해 자신만

미야자키처럼 영화감독을 꿈꾼다면

의 방식으로 꼼꼼하게 마무리 작업을 하는 미야자키를 만날 수 있어요.

애니메이션은 성우의 더빙이 특히 중요한데, 미야자키는 〈하울의 움직이는 성〉의 포스트 프로덕션을 진행하면서 목소리 연기자 섭외에 애를 먹었어요. 그런데 일본 최고의 인기 배우이자 가수인 기무라 다쿠야木村 拓哉가 가족들이 모두 지브리의 열성 팬이라며 꼭 출연하고 싶다고 밝혔어요. 평소 출연 작품 선정에 까다로운 기무라는 출연하는 자체만으로도 영광이라며 뒤늦게 합류해 하울의 목소리를 연기했지요.

모여라! 다른 일도 함께하는 영화감독

영화 연출뿐만 아니라 다른 일도 잘하는 재능이 많은 감독도 있답니다. 영화감독은 다른 일과 함께하면 의외의 효과를 낼 수 있는 직업이에요.

류승완, 기타노 다케시는 자신이 감독하는 작품에서 직접 주연을 맡아 좋은 연기를 펼치는 배우로도 활동하고 있어요. 인기 배우 출신인 클린트 이스트우드Clint Eastwood 는 2000년 이후 연출한 대부분의 작품에서 영화 음악을 만든 음악가이기도 하고요.

연출과 비슷한 분야인 연기나 음악만이 영화감독의 또 다른 활동 분야는 아니에요. 구찌를 성공적으로 이끈 유명한 의상 디자이너 톰 포드Tom Ford가 연출한 〈싱글맨〉 은 각종 영화제에서 높은 평가를 받으며 세계를 깜짝 놀라게 했어요. 또 프랑스의 위대한 시인이자 극작가 장 콕토Jean Cocteau가 〈미녀와 야수〉를 연출한 영화감독이라는 사실은 잘 모르는 사람이 더 많을 거예요. 장 콕토는 평론가, 오페라 작가, 화가 등 다방면으로 성공적인 활약을 펼쳤어요.

또 영화와 동떨어져 보이는 직업을 가진 감독도 있답니다. 〈사랑 따윈 필요 없어〉를 만든 이철하는 프랜차이즈 빵집 사업을 하고 있고, 〈더 컵〉으로 토론토 국제 영화제에서 관객상을 받은 키엔체 노르부Khyentse Norbu는 불교의 가르침을 전파하는 스님이에요. 영화를 만드는 이유도 불교를 널리 알리기 위해서고요.

영화감독이 동시에 다른 직업인으로 활동하는 이유는 생계를 위해서예요. 물론 호기심이 풍부해서 새로운 직업에 도전하는 감독도 많아요. 최초의 SF 영화로 기록되는 〈달세계 여행〉을 연출하며 '현대 영화의 아버지'로 불리는 조르주 멜리에스Georges Méliè야말로 그렇지요. 다양한 영역에 대한 관심이 좋은 영화를 만드는 재능이 된 행복한 본보기예요. 멜리에스는 무대 디자이너, 장난감 제작자이자 무려 마술사였거든요!

영화감독이 되려면 무엇부터 준비해야 할까요?

미야자키는 영상으로 이야기를 표현하는 영화감독이에요. 그는 어떻게 세계적으로 인정받는 거장이 될 수 있었을까요? 미야자키는 어렸을 때부터 이야기를 만드는 훈련을 했답니다. 영화감독이 될 준비를 차근차근 한 셈이지요.

1. 상상력 훈련하기

미야자키는 책을 읽을 때면 내용뿐만 아니라 작가, 삽화가, 책을 읽는 독자에 대해서도 상상해 보곤 했어요. 작가가 이 이야기를 쓸 때 어떤 고민을 했을까? 이 그림은 어떤 과정을 거쳐 그렸을까? 독자들은 어떤 계기로 이 책을 읽었으며 어떤 감상을 얻었을까?

이렇게 상상을 이어 나가다 보면 이야기를 만들어 가는 과정도 이해하게 되고, 다양한 상황의 여러 이야기를 만들 수 있답니다. 내가 본 드라마와 영화, 책이 만들어진 과정이나 뒷내용을 상상해 줄거리로 엮는 연습을 해 보세요. 간접 경험을 확대하는 좋은 연습이 될 거예요.

2. 주변 관찰하기

미야자키는 주변을 유심히 관찰하면서 감각을 단련했어요. 매미의 눈 색깔, 나무에 돋아나는 새순의 모양, 바람에 산들산들 움직이는 풀잎 같은 자연뿐만 아니라 친구의 표정이나 독특한 자세, 반복되는 사건도 자세히 보고 잘 기억해 그림에 반영하곤 했지요.

이런 관찰력은 관심에서 나와요. 깊은 관심과 섬세한 관찰력은 세상과 사람들에 대한 분석이 되고, 좋은 작품에 필요한 결을 만드는 데 결정적인 역할을 해요. 여러분은 오늘 집으로 돌아오는 길에 무엇을 보고 들었는지 기억하나요? 새로운 발견을 하는 하루하루를 만들고 기록해 보세요.

3. 이야기를 이미지로 연결하기

나는 어떤 사람인지 생각해 보세요. 글로 생각을 이어 나가거나 이미지를 떠올리는 사람인가요? 모두 영화에 관련된 일을 하는 자질로 개발할 수 있어요. 글로 생각을 정리한다면 시나리오 작가가 좋고, 이미지로 정리하는 사람이라면 촬영 감독 쪽이 더 적성에 맞을 거예요. 그런데 이 모든 작업을 지휘하는 영화감독이라면 이야기와 이미지를 연결해 생각하는 능력이 필요하답니다.

미야자키는 시나리오 자체도 콘티로 정리할 정도로 이미지로

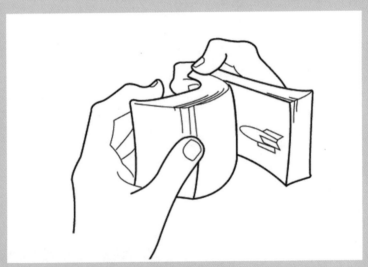

플립 북으로 이야기와 이미지를 함께 생각하는 훈련을 해 보세요.

이야기를 전개하는 사람이었어요. 여러분도 이야기를 읽으면서 그 장면을 상상하는 습관을 들인다면 두 자질을 모두 개발하는 데 도움이 될 거예요. 콘티로 그려 본다거나 플립 북을 제작해 보는 것도 이야기와 이미지를 통합하는 연습이 될 수 있어요. 플립 북 flip book은 조금씩 움직임이 다른 그림을 그린 종이들을 연속해 넘기면 동작이 이어지는 것처럼 보이는 애니메이션 도구예요.

4. 사회를 분석하고 공부하기

미야자키는 자신을 둘러싼 환경을 끊임없이 고민했어요. 왜 전쟁이 일어났을까? 무엇이 우리 사회를 현재 상태로 이끌었을까? 우리의 뿌리는 무엇이며 더 나은 삶의 방향은 어디일까? 이런 고민은 역사와 사회에 대해 미야자키가 계속 공부할 수 있게 한 힘이었어요.

내 가족, 내 학교, 내 나라의 참모습을 생각해 보지 않는다면 다른 사람의 마음을 움직이는 이야기를 만들기 힘들어요. 사회에 관심을 두고 분명한 태도를 가질 때 내가 만드는 이미지와 이야기 역시 보편적이며 일관된 힘을 얻을 수 있답니다. 사회에 대한 분석과 공부는 꾸준하고 다양한 독서와 토론으로 기를 수 있어요.

5. 좋은 영화 많이 보기

좋은 책과 마찬가지로 좋은 영화는 영화 만들기의 훌륭한 교과서예요. 고전부터 최신작까지 전문가들이 추천하는 영화를 꾸준히 보면서 영화적인 표현 기술에 익숙해져 보세요. 미야자키는 중학교에 입학하자 아버지를 따라 극장에 다니기 시작했고, 바로 영화의 세계에 빠져 찰리 채플린 같은 영화감독을 꿈꿨어요. 미야자키뿐 아니라 영화감독을 직업으로 가진 사람들은 모두 어릴 때부터 영화를 좋아하는 마니아였다는 공통점이 있어요.

여기서 잠깐

이 영화는 꼭 보세요!

〈빌리 엘리어트〉 감독 스티븐 달드리 | 영국 | 2000년

영국 탄광촌에 사는 소년 빌리가 주위의 편견이나 경제적 어려움에도 발레리노로 성장하는 이야기예요. 좋아하는 일에 열정을 가질 때 상황을 극복하는 힘을 얻고 기회가 찾아온다는 것을 배울 수 있어요.

〈센과 치히로의 행방불명〉
감독 미야자키 하야오 | 일본 | 2001년

상상력이 돋보이는 미야자키의 대표작이에요. 평범한 여자아이가 신들의 세계에서 겪는 모험을 통해 건강한 삶과 환경에 대한 깨달음을 주지요.

〈괴물〉 감독 봉준호 | 한국 | 2006년

당시로써는 드물게 완성도 높은 특수 효과가 사용된 한국형 블록버스터로, 최고의 흥행 기록을 달성했답니다. 우리 사회를 날카롭게 풍자하는 한편 가족의 의미를 생각하게 해요.

〈월-E〉 감독 앤드류 스탠튼 | 미국 | 2008년

가장 창의적인 이야기와 기술을 선보이는 애니메이션 제작사 '픽사'에서 만든 SF 애니메이션이에요. 사랑스러운 로봇을 통해 지구의 미래에 대해 경고하고 동시에 희망을 전해요.

〈라이프 오브 파이〉

감독 리안 | 미국 | 2012년

획기적인 3D 그래픽을 사용한 새로운 볼거리로 화제가 되었어요. 자연과 인간, 믿음과 상실을 감동적으로 풀어내요.

영화는 어디서 어떻게 공부해야 하나요?

영화감독이 되려면 영화라는 매체를 이해하고 필요한 기술을 알아야 해요. 영화는 종합 예술답게 이야기, 연기, 미술, 음향, 특수 효과 기술 등 배워야 할 내용도 많죠. 나는 어떤 감독이 되고 싶은지, 그래서 무엇을 배우고 싶은지 생각해 본 뒤에 나에게 가장 필요한 길을 찾아보세요.

1. 국내 대학에서 영화 연출 전공하기

영화 연출은 4년제 종합 대학과 2년제 전문 대학에 있는 영화학과에서 배울 수 있어요. 영화 이론부터 실기까지 체계적으로 배우고 학위를 취득할 수 있다는 장점이 있어요. 현장에 나가거나 일할 때 같은 학교 출신 선배들에게 도움받기도 수월해요. 영화 연출 전공을 희망하는 사람들에게 가장 인기가 높은 대학은 다음과 같아요. 대학별로 입시 전형이 다르고 매년 조금씩 변하기도 하니 미리 지켜보며 대비해야 합니다.

● 중앙대학교 공연영상창작학부

수시 모집에서 내신, 실기, 구술로 선발하고 정시에서는 100% 수능으로 선발해요. 해가 갈수록 정시보다는 수시로 뽑는 인원수가 늘고 있어요.

● 한양대학교 연극영화과

수시 모집에서는 예능계 모집 단위로 선발하고 정시 모집에서는 인문계 모집 단위로 선발해요. 예능계, 인문계 상관없이 연출 이론이나 연기 전공과목을 모두 수강하는 것이 가능합니다.

● 동국대학교 영화영상학과

기획/연출, 시나리오, 제작 기술, 영화 이론 등의 전공으로 나누어져 있어요. 세부 전공이 다양해서 선택의 폭이 넓은 것이 장점이에요.

●한국예술종합학교 영상원

영화 연출 전공은 학업 성적을 제출하여 영어, 이론 필기시험을 치르고, 다양한 방식으로 창의성을 시험하는 실기까지 거쳐 선발해요. 시험이 어려운 대신 실기 위주의 충실한 교육 과정이 세계적으로 좋은 평판을 얻고 있어요. 국립 학교라서 학비도 저렴하고요.

●서울예술대학교 영상학부 영화 전공

2년제이고 실무 위주로 수업을 진행해요. 실습에 주력하고 있어서 취업에서 혜택을 받는 학교예요. 내신 20%, 실기 80%의 선발 과정을 거치는데 영화에 대한 기초 지식을 묻는 구두 문답 시험에 대비해야 해요.

2. 사설 교육 과정에서 공부하기

영화감독이 되기 위해 꼭 대학을 졸업할 필요는 없어요. 영화 연출을 배울 수 있는 사설 교육 과정은 자격 조건이 까다롭지 않고 교육 기간이 상대적으로 짧아 용이하지요. 그래도 유명한 감독을 꾸준히 배출하며 좋은 평가를 받고 있는 곳은 교육 과정에 들어가기 위한 경쟁이 치열하답니다.

한국영화아카데미 신입생 모집 영상

● **한국영화아카데미** www.kafa.ac

영화학과가 대학 과정에 본격적으로 개설되기 전인 1984년에 영화진흥위원회에서 설립했어요. '한국 영화 사관학교'로 불릴 만큼 유명하죠. 교육 과정은 총 2년이고, 한해 4편의 장편 영화를 직접 제작하며, 최소 1년간 현장 중심으로 교육을 받아요. 〈괴물〉의 봉준호, 〈도둑들〉의 최동훈, 〈봄날은 간다〉의 허진호 등이 이곳에서 공부했어요. 연출 작품을 포트폴리오로 제시해야 입학할 수 있어요.

● **한겨레 영화제작 학교** www.hanter21.co.kr

〈한겨레〉 신문사에서 운영하는 한겨레 교육문화센터의 평생 교육 사업 가운데 한 과정으로 시작되었어요. 영화를 기초부터 배우고자 하는 사람들을 위한 종합 교육 과정으로 자리매김했지요. 일주일에 2회씩 총 29회 강의가 있어요. 〈내 생애 가장 아름다운 일주일〉의 민규동, 〈건축학개론〉의 이용주가 이곳 출신이랍니다.

3. 다른 전공을 영화 연출을 위한 공부로 삼기

잘 알려진 영화감독 가운데는 영화를 학교에서 배운 전공자보다는 그렇지 않은 사람이 더 많아요. 작품의 주제와 인물의 성격을 분석하고 연출 방향을 결정하는 데 필요한 능력은 사고력과 상상력인데, 기초 학문을 공부하며 지식을 쌓는 것도 영화감독을 준비하는 현명한 방법이에요.

글쓰기 전공 계열
국어국문학과, 문예창작과, 극작과

시나리오를 쓰거나 해석하는 힘은 이야기를 꾸려 가야 하는 영화감독에게 중요한 기본기지요. 그래서인지 많은 감독이 글을 분석하고 창작하는 전공을 택해 공부했어요. 〈제7의 봉인〉, 〈산딸기〉를 연출한 잉마르 베리만Ingmar Ernst Bergman은 스톡홀름 대학에서 예술학과 문학을 전공했고, 〈M. 버터플라이〉의 데이비드 크로 넌버그David Cronenberg는 토론토 대학에서 문학을 배웠어요.

감독이 시나리오 작업과 연출을 함께하는 경향이 강한 우리나라 영화계에서 글쓰기를 전공한 감독을 찾아보기는 어렵지 않아요. 대표적으로 칸 영화제에서 각본상을 받은 〈시〉의 이창동은 국어 교육과 출신이에요. 그는 특이한 이력이 있는데, 국어 교사로 근무하다가 《녹천에는 똥이 많다》를 쓴 소설가로 알려진 후 〈그 섬에 가고 싶다〉의 조감독을 거쳐 바로 〈초록물고기〉로 감독 데뷔를 했어요. 2003년부터 제6대 문화관광부 장관으로 재임하기도 했고요.

인문 사회 계열
사회학과, 사학과, 철학과

영화 연출과는 관계없는 듯 보일지 몰라도 인간의 정신과 삶의 조건을 공부하는 인문 사회학은 우리를 둘러싼 진리와 가치에 대한 안목을 넓힐 수 있는 전공이에요. 영화감독을 포함하여 수많은 창작인이 인문 사회 계열에서 공부하며 통찰력을 기르고 논리력을 훈련했어요.

〈처녀들의 저녁 식사〉, 〈하녀〉를 연출하며 "한국 사회를 영화로 예리하게 진단했다"는 평가를 받은 임상수는 사회학과 출신이고, 마드리드 대학에서 역사학과 철학을 전공한 루이스 부뉴엘Luis Bunuel은 인간의 꿈속 깊이 들어가는 〈안달루시아의 개〉 같은 상징적인 영화를 만들었어요. 철학은 인간과 인간을 둘러싼 사물, 자연, 신의 존재를 탐구하는 학문이에요. 우리나라에서도 여균동, 히진호, 박찬욱 등 작품성을 인정받은 많은 감독이 철학을 공부했어요.

〈트리 오브 라이프〉로 칸 영화제 황금종려상을 받은 테렌스 멜릭Terrence Malick은 영화 작업을 하지 않는 동안에는 매사추세츠 공과 대학의 철학 교수로 학생들을 가르치기도 하지요.

4. 외국 영화 학교로 유학 가기

전 세계의 영화 학도들과 경쟁하고, 최고 수준의 기술과 이론을 배우고 싶다면 유학을 생각해 보세요. 이론에 치중하는 국내 교육과 달리 실제 제작 위주의 교육을 받을 수 있고, 영화 외적인 문화 환경이 좋다는 것이 장점이에요. 하지만 더 많은 준비가 필요하고 비용 또한 많이 드는 것은 단점이지요.

그래서 자신이 연출하고 싶은 영화의 기술을 위주로 배울지 이론을 위주로 배울지를 신중하게 고려해야 해요. 학교를 먼저 정

하고, 해당 국가의 언어와 학교에서 요구하는 성적, 포트폴리오를
작성하면 돼요.

●미국

세계 1위의 영화 시장인 미국에서 가장 유명한 영화 연출 학교
는 캘리포니아 대학교 로스앤젤레스UCLA와 뉴욕 대학교NYU예요.
SAT 2,100점 이상과 ACT 등 미국의 수능 과정에서 일정한 점수
를 얻어야 해요.

캘리포니아 대학교 로스앤젤레스는 할리우드라는 배경을 안고
있는 캘리포니아에 있어요. 스티븐 스필버그를 불합격시킨 실험
적이고 진보적인 영화 학교예요. 다른 사립 영화 학교와 비교해서
3분의 1 정도의 저렴한 학비에, 시설과 장비가 우수하지요. 〈대
부〉 시리즈를 연출한 프랜시스 포드 코폴라Francis Ford Coppola가 이
학교 출신이고, 〈바보들의 행진〉을 연출하며 천재 감독으로 떠올
랐던 하길종도 여기서 공부했어요.

뉴욕 대학교는 첨단 예술을 자랑하는 도시 뉴욕 맨해튼에 있는
학교예요. 미술관과 극장이 모여 있는 중심가에서 뉴욕의 문화를
즐길 수 있지만, 그만큼 학비가 가장 비싸죠. 마틴 스콜세지, 올리
버 스톤 등이 졸업한 학교로 세계적인 영화인을 배출해 왔다는 자
부심이 크지요. 교육 과정이 다양하고 수준도 높아요.

●프랑스

영화를 상품이 아닌 예술 작품으로 만들고 싶은 사람이라면 한 번쯤은 프랑스에서 연출을 배우고자 꿈을 키워 보았을 거예요. 등록금이 181유로약 25만 원 정도로 우리나라 학비의 30분의 1에 해당하는 적은 비용이에요.. 대신 집세를 포함해 생활비가 비싸답니다.

프랑스의 영화 학교는 학교마다 준비 서류가 모두 다르지만, 일반적으로 서류 전형과 단편 영화를 중심으로 하는 포트폴리오 평가, 면접을 통해 진행돼요. 물론 언어 능력 시험은 필수고요. 실기 과정은 1대학과 8대학에 개설되어 있지만 보통 석사 과정부터예요. 그래서 파리에서 영화 실기를 배우려는 많은 학생이 대신 일반 사립 영화 학교와 국립 학교인 페미스나 뤼미에르로 진학하고 있어요.

●일본

안정된 시장을 가지고 있고 독창적인 작품 세계를 지닌 일본 영화는 세계의 관심 속에 제작되지요. 전성기가 지났다고 평가되기도 하지만, 작품성과 흥행성을 갖춘 일본 영화가 꾸준히 나오고 있어요. 일본의 영화 학교는 다른 나라에 비해 꼼꼼하게 학생을 관리하고 취직의 길도 넓다는 이점이 있어요.

일본 유학은 비용이 많이 드는 만큼 자신의 성향을 고려하여 학

영화 전공으로 아시아 최고인 니혼 대학교

미국에서 유명한 영화 학교 가운데 하나인
캘리포니아 대학교 로스앤젤레스

교의 성격, 위치 등을 신중하게 선택해야 해요. 4년제 대학은 대
학 본고사와 면접을 봐야 하고, 2년제 전문학교는 일본어 능력 시
험 2급 이상 혹은 일본 어학원에서 6개월 이상 수업을 마치면 입
학할 수 있어서 불합격하는 경우는 거의 없어요.

　니혼 대학교는 방송, 영화 분야에서 아시아 최고라고 일컬어지
는 명문 사립대학교예요. 면접과 소논문만으로 선발하는데, 과정
을 따라올 만한 학생들의 능력을 예리하게 파악해요. 유명한 만큼
경쟁률이 높고, 스튜디오 등 설비를 잘 갖추어 세심하게 관리하지
요. 현장에서 활약하는 선배들이 강사로 초청되어 수업을 맡는 전
통이 있고, 높은 취업률을 자랑합니다.

미야자키처럼 영화감독을 꿈꾼다면

애니메이션 연출을 배울 수 있는 일본 대학

일본 대학의 애니메이션 관련 학과는 연출뿐 아니라 애니메이션 전반에 대한 수준 높은 교육으로 좋은 평가를 받고 있어요.

도쿄 지역
도쿄공예대학 예술학부 애니메이션학과

도쿄조형대학 조형학부 디자인학과 애니메이션 전공

무사시노미술대학 조형학부 영상학과

다마미술대학 미술학부 정보디자인학과 정보예술 코스

나고야 지역
나고야조형대학 조형학부 조형학과 선단표현 코스 영상/애니메이션 클래스

교토 지역
교토세이카대학 만화학부 애니메이션학과

오사카 지역
오사카예술대학 예술학부 캐릭터조형학과 애니메이션 코스

고베 지역
고베예술공과대학 선단예술학부 영상표현학과 애니메이션 코스

5. 혼자서 배워 가기

학교가 아니라 현장에서 일하며 영화를 배운 감독도 많아요. 영화를 이론적 지식이나 기술이 아닌 삶의 경험으로 스스로 배워 실력을 익히는 경우예요. 쿠엔틴 타란티노Quentin Tarantino는 열여섯 살에 학교를 중퇴하고 비디오 가게 점원으로 일하면서 시나리오를 쓰기 시작했어요. 첫 연출작인 〈저수지의 개들〉이 성공한 뒤 그는 비디오 가게를 "나의 영화학교"라고 불렀어요.

우리나라에도 '제2의 타란티노'라는 별명이 붙은 감독이 있어요. 고등학교를 졸업하고 각종 시네마테크와 필름 워크숍을 돌며 영화를 독학으로 배운 뒤 각본, 감독, 주연을 맡아 〈죽거나 혹은 나쁘거나〉로 데뷔한 류승완이에요. 액션에 공을 들이는 류승완은 저예산 독립 영화부터 블록버스터까지, 재치 있는 대사와 에너지 넘치는 사건들을 엮어 자신만의 색깔을 선보이고 있어요.

2012년 베니스 영화제에서 〈피에타〉로 황금사자상을 받은 김기덕은 '독학의 대가'로 불려요. 초등학교를 졸업하고 공장 직원으로 일하다가 파리로 건너가 거리의 화가로 그림을 그리며 생활했다는 이력 때문이지요. 한국시나리오작가협회 교육원에서 시나리오 과정을 공부하고 시나리오를 쓰며 영화 일을 시작했고, 〈악어〉로 감독이 되었어요.

미야자키처럼 영화감독을 꿈꾼다면

레디 액션!
영화감독으로 데뷔하려면

교육 기관을 통해서든 독학이든 열심히 연출 실력을 쌓은 뒤 영화를 만들어 어떻게 관객에게 선보일 수 있을까요? 시대의 변화와 기술의 발전에 따라 이제 영화를 공개하는 방식도 큰 변화를 맞았어요. 자신의 특성과 재능을 잘 살린 데뷔 방법을 찾아보세요.

1. 도제식을 거쳐

특정한 감독의 연출부에서 경력을 쌓는 것이 감독이 되는 가장 전통적이고 일반적인 방법이에요. 연출부 막내부터 시작해 한 단계씩 올라 조감독을 거쳐 감독이 되지요. 이 과정을 도제식이라

미야자키, 상상을 현실로 만들어

고 하는데, 이렇게 데뷔하려면 3~4년 정도 연출부 생활을 해야
해요. 〈취화선〉으로 칸 영화제 감독상을 받은 임권택은 제작부 막
내로 영화계 생활을 시작했어요. 소도구 조수, 조명 조수를 거쳐
7년 만에 〈두만강아 잘 있거라〉로 데뷔했지요.

2. 영화 공모전 입상을 통하여

영화 관련 공모전에 당선해서 능력을 인정받아 감독이 되기도
해요. 입상하면 영화 제작을 지원해 주거든요. 공모전을 통해 접
수된 시나리오 초고나 포트폴리오를 심사하여 당선된 작품과 계
약을 맺는 거예요. 그만큼 경쟁이 치열해요.

최근에는 다양한 영화제가 열리고 공모전이 많아지면서 당선
기회도 늘어났어요. 대기업이 참여하면서 지원 규모도 커졌고
요. CJ E&M이 주최한 '광복 70주년 영화 프로젝트 공모전'에서
는 3편이 입상했는데, 각각 1,000~4,000만 원의 상금과 함께 지
속적인 지원이 약속되었어요. 많은 감독이 각종 공모전에 당선하
면서 데뷔했는데, 청룡영화제 시나리오 공모 대상을 받아 데뷔한
〈집으로〉의 이정향, 〈우중 산책〉으로 제1회 서울 단편영화제 대
상을 수상한 〈우리 생애 최고의 순간〉의 임순례 등이에요.

3. 스마트폰과 SNS 이용하기

  스마트폰과 인터넷 공유 사이트의 발달로 이제는 누구나 손쉽게 영상을 제작하여 발표하는 환경이 갖추어졌어요. 청소년도 스마트폰의 동영상 편집 앱을 이용해 전문가 수준으로 영상을 만들 수 있어요. 많은 감독 지망생이 데뷔를 기다리는 대신 자신이 제작한 영상을 바로 SNS를 통해 선보이고 있어요.

배우 구혜선은 2012년 감독으로서 처음 연출한 단편 영화 <기억의 조각들>을 유튜브를 통해 공개했어요.